Ilka Scheidgen
*Hilde Domin*

Ilka Scheidgen

# Hilde Domin

## Dichterin des Dennoch

*Neuausgabe des Titels "Hilde Domin:  Dichterin des Dennoch", erschienen im Kaufmann Verlag Lahr, 1.Auflage  2006,  6. Auflage 2015, als e-book verfügbar bis 2025*

Bibliografische Information der Deutschen Nationalbibliothek:
Die Deutsche Nationalbibliothek verzeichnet diese Publikation in der Deutschen Nationalbibliografie; detaillierte bibliografische Daten sind im Internet über http://dnb.dnb.de abrufbar.
Die automatisierte Analyse des Werkes, um daraus Informationen insbesondere über Muster, Trends und Korrelationen gemäß §44b UrhG („Text und Data Mining") zu gewinnen, ist untersagt.
© 2025  Ilka Scheidgen
© 2025  für alle Fotos
© 2025 für das Cover

Verlag:
BoD · Books on Demand GmbH, Überseering 33, 22297 Hamburg, bod@bod.de
Druck: Libri Plureos GmbH, Friedensallee 273, 22763 Hamburg

ISBN: 978-3-7693-5583-3

# Vorwort

Das vorliegende Werk basiert auf dem Quellenstudium von Hilde Domins Werken sowie auf zahlreichen im Laufe von fast zwanzig Jahren geführten Gesprächen.

Über Gedichte sind wir uns begegnet und haben miteinander korrespondiert, bevor mich Hilde Domin zu sich nach Heidelberg einlud. Für meine eigene Lyrik gab sie mir wertvolle Ratschläge. So entstand im Laufe der Jahre eine freundschaftliche Beziehung, die durch viele gemeinsame Gespräche intensiviert und lebendig gehalten wurde.

Ich konnte Hilde Domin außerdem bei zahlreichen Lesungen, Vorträgen und bei den wichtigsten Preisverleihungen persönlich erleben.

In Zeitungen und Zeitschriften konnte ich während der vergangenen Jahre viele Essays und Porträts über Hilde Domin, diese größte lebende deutsche Dichterin jüdischer Herkunft, veröffentlichen. Es ist mir eine besondere Freude, hier nun einen Gesamtüberblick über ihr Leben und Werk vorlegen zu können.

Herzlich danke ich Frau Hilde Domin für ihre Offenheit und das Vertrauen, das sie mir während unserer vielen Gespräche entgegengebracht hat, ohne die diese Arbeit nicht möglich gewesen wäre.

Zu meinem großen Bedauern starb Hilde Domin am 22. Februar 2006, kurz vor Erscheinen des Buches.

Kall-Urft, im Juni 2006                    *Ilka Scheidgen*

# Inhalt

# Kindheit und Jugend in Köln

*Hilde Domin und ich haben uns in ihrer Wohnung verabredet – der Wohnung mit dem herrlichen Blick auf die Heidelberger Altstadt und den Neckar. Wir sitzen wie schon oft zuvor in der gemütlichen Ecke ihres Wohnzimmers mit den Gartenstühlen. Auf dem Tisch stapeln sich Bücher, die sie geschickt bekommen hat. Sie räumt sie zur Seite und holt aus der Küche Tee und Kuchen. Wie immer ist sie eine liebenswerte Gastgeberin.*

*Wir werden über ihr Leben reden, ihre Erfahrungen und natürlich über ihre Dichtung. Hilde Domin erzählt anschaulich und temperamentvoll, und ich spüre, wie ihr vieles, über das sie mir berichtet, noch ganz lebendig vor Augen steht.*

Hilde Domin wurde am 27. Juli 1909 als Hilde Löwenstein in Köln geboren. Ihr Vater Eugen Löwenstein war promovierter Jurist und stammte aus einer angesehenen Düsseldorfer Juristenfamilie. Die Mutter Paula Löwenstein, geborene Trier, kam aus Frankfurt am Main. Sie hatte Gesang und Klavier studiert. Allerdings übte sie ihren künstlerischen Beruf nicht aus, sondern widmete sich, wie es zu jener Zeit in den meisten Fällen üblich war, ihrer Familie. Ein einziges Mal sei sie in der Oper in Frankfurt als „Mignon" aufgetreten. Später konnte sie ihr künstlerisches Talent nur noch bei Hauskonzerten ausleben.

Hilde war das erstgeborene Kind. Ihr Bruder „Johnny" wurde 1912 geboren. Hilde betont, dass sie eine glückliche Kindheit hatten. Es mangelte ihnen an nichts. Sie hatten genügend Spielsachen und konnten ihren Lesehunger nach Herzenslust in der Bibliothek des Vaters stillen, was besonders Hilde ausgiebig tat.

Selbstverständlich gab es auch Dienstmädchen. Das Essen wurde aufgetragen, wenn der Vater in der Mittagspause die Klingel bediente. Und um die Kinder kümmerte sich neben der Mutter ein Kindermädchen.

„Wenn ich mich an unsere Wohnung in Köln erinnere, in der ich ja geboren wurde", erzählt Hilde Domin, „so kommt es mir vor, als sei sie aus einer ›temps perdu‹, ganz wie bei Proust, gewesen. Die Möbel waren aus dunkler Eiche, es gab kostbare Silberbestecke, die aber nur zu offiziellen Anlässen benutzt wurden. An den Decken hatte die Wohnung Jugendstilstuck. Das Speisezimmer war mit Eiche getäfelt und besaß zum Hof ein bunt eingelegtes Fenster. Aber am meisten liebten mein Bruder und ich die beiden kleinen Balkons und den langen Flur, auf dem man Rollschuh laufen konnte."

Der Salon war Schauplatz von festlichen Einladungen und Konzerten, bei denen die Mutter, aber auch andere Sänger und Sängerinnen und Pianisten auftraten, während die kleine Hilde die Damen in langen Abendkleidern und Herren in Smoking oder Frack von der Küche aus beobachtete.

An Wochenenden oder in den Ferien fuhr die Familie zum Wandern oft in die Eifel. Dort durfte Hilde als Kind sogar Ziegen hüten und Kühe melken. Für Tiere jeder Größe und jeder Art hatte sie immer viel übrig.

„Wir durften im Kinderzimmer auch selbst Tiere halten", erzählt sie. „Katzen, eine Taube, einen Papagei, Kaninchen, die dann im Sommer auf die kleinen Balkons ausquartiert wurden und sich meistens nach einer gewissen Zeit ›sozusagen selbst abschafften‹, indem der Vater sie den Kindern des Bürovorstehers schenkte, weil der am Rande von Köln wohnte und einen kleinen Garten besaß."

Hilde durfte Freunde und Freundinnen mit nach Hause bringen. Sie durfte ins Theater, ins Museum und ins Schwimmbad. Sie durfte sogar manchmal mit dem Vater ins Gericht gehen. Besonders beeindruckt sei sie von einem Prozess gewesen, bei dem ihr Vater einen Unschuldigen verteidigte, der der Brandstiftung angeklagt war. Um den Verhandlungen beiwohnen zu können, schwänzte sie die Schule. Und sie bestärkte und ermunterte den Vater darin, diesem Mandanten durch alle Instanzen zu seinem Recht zu verhelfen.

„Ich sehe den Vater noch, wie er am Abend nach einer Gerichtsverhandlung krank im Bett lag, krank vor Aufregung, weil er Drohbriefe erhielt, und wie meine Mutter dafür war, es aufzugeben – aber er konnte mich einfach nicht enttäuschen, und hätte es unsere gesamte Existenz gekostet", beschreibt sie in dem Aufsatz „Mein Vater. Wie ich ihn erinnere" diese Geschichte. Der Vater reichte ein Gnadengesuch ein und erwirkte für seinen Mandanten den Freispruch. Dieser Mann sei dann einer der ersten gewesen, der nach 1933 aufhörte, den Vater – als jüdischen Rechtsanwalt – zu grüßen.

Damals, als man begann, jüdische Rechtsanwälte auf erniedrigende Weise auf Müllwagen durch Köln zu fahren, entschloss sich der Vater zur ersten und einzigen „ungesetzlichen" Tat in seinem Leben: Die Eltern fuhren mit der Straßenbahn bis zur belgischen Grenze, machten einen kleinen Spaziergang hinüber – das war nicht verboten – und draußen waren sie. Es war der Beginn ihrer Flucht, die sie nach England führte.

Das Mobiliar wurde von einem Spediteur nach Holland gebracht und dort eingelagert. Doch die kostbaren Möbel aus schwarzer Eiche, das wertvolle Porzellan, das Silber und auch viele wertvolle Bücher gingen im Laufe des Krieges, wie Hilde mir erzählt, „still und leise" verloren.

Aber sie scheint darüber nicht verärgert oder traurig zu sein. „Ich hänge nicht an Gegenständen", sagt sie schlicht. Während ihres Unterwegsseins hat sie das „Haben" verlernt, „als hätte ich nicht mehr die Hände zum Haben", wie sie einmal schreibt. Was für die meisten Menschen, die nie ihre Heimat, ihr Zuhause verloren haben, ganz selbstverständlich ist, nämlich etwas zu besitzen, ist ihr noch immer nicht zur Normalität geworden.

„Hier dieser Teppich, wo wir gerade sitzen, ist eigentlich das einzige Stück aus meiner Kinderzeit, das über den Krieg und unsere Odyssee durch die vielen Länder und Kontinente gerettet wurde", sagt sie lächelnd.

Was ihr aber nie verloren ging in den schwierigen Jahren ihres Exils, war dieses unerschütterliche Ver-trauen in das Leben und in die Menschen, dieses Urvertrauen, das sie in ihrem Elternhaus erworben hat. Es half ihr, die Schrecken des vorigen Jahrhunderts zu überstehen, und ließ in ihr die „Dennoch-Hoffnung" wachsen und reifen. Es war das Selbstverständliche, die bedingungslose Annahme, die sie von den Eltern erfuhr, die es ihr immer wieder ermöglichten, gegen den Strom zu schwimmen und sich zwischen alle Stühle zu setzen. „Ich durfte alles", sagt sie zu mir in unserem Gespräch, „ich durfte sogar die Wahrheit sagen. Wunderbar!"

Den Band „Gesammelte Essays", der 1992 erschien, widmete Hilde Domin ihren Eltern: „Für meine Eltern, die mich ausrüsteten, das Leben in diesem Jahrhundert zu überstehen." Mit Dankbarkeit gedenkt sie im Vorwort ihrer Eltern, „die mich für ein leichteres Leben auszurüsten meinten und doch mit allem versehen haben, was mir ermöglichte, die Verfolgung, die immer neue Entwurzelung, mit Mut und Zuversicht zu überstehen."

Derart ausgerüstet wurde sie zur Apologetin des Vertrauens, gegen Hass und Verfügbarkeit, Mitläufertum und Inhumanität. Weil sie in ihrer Kindheit nie lügen musste, rief sie später in ihren Gedichten, bei Vorträgen, Lesungen und Diskussionen dazu auf, die Dinge und Vorkommnisse „wahrhaftig", das heißt mit ihrem richtigen Namen zu benennen. In dem Gedichtband „Ich will dich" schreibt sie über den chinesischen Philosophen Konfuzius:

*Nichts weiter sagt er*
*ist vonnöten*
*Nennt das Runde rund*
*und das Eckige eckig.*

„Das Hauptwort in meinen Lebensberichten", so sagt sie, „ist: Vertrauen. Sich erneuerndes Vertrauen. Widerständiges Vertrauen. Dennoch-Vertrauen."

Als wir uns über ihre Geburtsstadt Köln unterhalten, beginnt Hilde, mir äußerst lebhaft ihre Erinnerungen an ihre, wie sie sie selbst bezeichnet, „mythische" Stadt Köln zu erzählen.

„Ja, natürlich, Köln spielt für mich eine große Rolle, weil es die Stadt meiner Kindheit ist, weil ich dort eine glückliche Kindheit verlebt habe und auch, weil ich die Stadt verlassen musste."

Noch immer ergreife sie eine enorme Erregung, wenn sie von Heidelberg nach Köln fahre. Aber besonders stark sei diese Erregung gewesen, als sie bei ihrer Rückkehr aus dem 22-jährigen Exil im Jahre 1954 ihr Elternhaus zum ersten Male wiedersah.

Hilde Domin hat ein einziges Gedicht über Köln geschrieben. Mehr musste es wohl nicht sein, weil sie darin – eine Meisterin in der Verknappung – alles gesagt hat, was ihr wesentlich ist zu diesem Thema:

*Köln*

*Die versunkene Stadt*
*für mich*
*allein*
*versunken.*

*Ich schwimme*
*in diesen Straßen.*
*Andere gehn.*

*Die alten Häuser*
*haben neue große Türen*
*aus Glas.*

*Die Toten und ich*
*wir schwimmen*
*durch die neuen Türen*
*unserer alten Häuser.*

Dieses Gedicht erschien in ihrem dritten, dem 1964 veröffentlichten Gedichtband mit dem Titel „Hier", also erst zehn Jahre nach ihrer Rückkehr. Man spürt als Leser oder Zuhörer noch die Vereinsamung, das Getrenntsein von den „anderen", für die die Stadt nicht versunken ist bzw. für die nicht zwei verschiedene Städte simultan existieren, nämlich die gestrige „versunkene" und die heutige. Die Vergangenheit scheint zum Greifen nah und ist doch nicht mehr erreichbar, symbolisiert durch das Glas in den Türen.

Nicht nur ihr eigenes Schicksal reflektierend, gelingt es Hilde Domin in diesem Gedicht, exemplarisch die Situation derer einzufangen und auszudrücken, die ihre Heimat verlassen mussten, die zurückkehrten oder auch nie mehr zurückkehren konnten, weil sie in der Fremde blieben oder im Krieg und in den Vernichtungslagern umkamen. Und ihnen, den Toten, begegnet sie hier, macht sie lebendig im Erinnern und gibt sie damit der Wirklichkeit zurück.

Ein früheres Gedicht mit dem Titel „Rückkehr", im zweiten Gedichtband „Rückkehr der Schiffe" veröffentlicht, thematisiert eine ganz ähnliche Erfahrung:

*Meine Füße wunderten sich*
*daß neben ihnen Füße gingen*
*die sich nicht wunderten.*
*...*

*Am Haus meiner Kindheit blühte*
*im Februar*
*der Mandelbaum.*

*Ich hatte geträumt,*
*er werde blühen.*

Tatsächlich habe bei ihrem ersten Besuch in ihrer Heimatstadt Köln dieser Mandelbaum noch gestanden. Man kann sich ihre Freude darüber vorstellen, einen lieben Gefährten aus Kindertagen wieder zu sehen.

„Heute stehen an dem Platz, wo der Mandelbaum blühte, Mülltonnen", sagt Hilde Domin mit ein bisschen Wehmut, aber doch auch mit dem ihr eigenen Schuss Realitätssinn, der sie nie sentimental werden lässt.

„Ja, vieles hat sich verändert", erzählt sie weiter. „Die Riehler Straße hatte zu meiner Zeit große Bäume in der Mitte zwischen den Fahrbahnen und darunter eine wunderbare Fußgängerzone. Natürlich war auch der Gehweg viel breiter vor den Häusern und auf dem Gartentörchen konnten mein Bruder und ich hin und her schwingen."

Heute gibt es auf der Riehler Straße nur noch einen schmalen Grünstreifen, gerade breit genug, um Halt zu machen beim Überqueren der breiten Straße mit ihrem dreispurig vorüberrauschenden Verkehr.

Das Gartentörchen existiert nicht mehr. Aber immerhin noch das Haus ihrer Geburt und Kindheit in der Riehler Straße 23. Sogar die alte Haustür ist noch vorhanden. Auch die Fassade des im historistischen Stil erbauten Hauses hat unbeschadet den Krieg überstanden. Nur die Häuser auf der gegenüberliegenden Straßenseite wurden zerbombt. Heute befindet sich an der Ecke Sedanstraße eine Tankstelle.

Vorhanden ist auch noch das Oberlandesgericht, nicht weit entfernt von Hilde Domins Geburtshaus, in dem der Vater als Rechtsanwalt des öfteren bei Prozessen tätig war – er führte vorwiegend Zivilprozesse – und zu denen ihn die kleine Hilde manchmal begleiten durfte.

„Meine Kindheit in Köln", erinnert sie sich, „wurde zu einem großen Teil von meinem Vater mitgeprägt. Aber damals waren die Väter ja anders als heute. Heute nehmen sie ihre Kinder auf den Arm und benehmen sich so, wie sich damals die Mütter benommen haben. Bei uns ging der Vater mit uns schwimmen vor der Schule. Wunderbar! Im Rhein waren Schwimmanstalten. Der Rhein, sagte man, war damals sauber. Aber natürlich ist das nicht bewiesen", fügt sie pragmatisch hinzu. „Dann traf man den Vater an der Ecke Hansaring – er hatte seine Kanzlei am Hansaring/Ecke Bismarckstraße – ging zusammen nach Hause, wo man gemeinsam aß und er noch eine halbe Stunde schlafen konnte. Es gab viele aufregende Sachen, die wir zusammen mit dem Vater erlebt haben. Aber für mich war das Aufregendste, als mein Vater mich bei Kriegsausbruch – da waren wir in England – weinend in den

Arm nahm und sagte: ›Wir können dir nicht helfen. Ich kann nichts für dich tun!‹ Also, dass mein Vater mich umarmte, das war für mich fast aufregender als der Kriegsausbruch."

Einen Augenblick schweigt sie, als erlebe sie diesen außergewöhnlichen Augenblick noch einmal. Dann fährt sie fort:

„Es war einfach ein distanzierteres Verhältnis zum Vater, das man damals hatte. Aber ich konnte mit meinem schier unstillbaren Wissensdurst immer zu ihm kommen. Auf den gemeinsamen Wegen – der Vater zu seiner Kanzlei, ich zur Schule oder auf dem Weg zurück nach Hause – stellte ich ihm all die Fragen, die mir auf dem Herzen lagen, diskutierte mit ihm über meine Schulaufsätze, und er erzählte mir von seinen Rechtsfällen, für die ich mich sehr interessierte."

Noch einmal komme ich auf das Haus in der Riehler Straße zu sprechen, in dem Hilde Domin zwanzig Jahre lang wohnte, von ihrem Geburtsjahr 1909 bis zu ihrem Auszug zum Studium 1929. Ich erzähle ihr, dass ich das Haus besucht habe, im Treppenhaus den vergoldeten Ornamentalstuck, abgesetzt mit grünem Marmor, gesehen habe, sogar einen Blick habe werfen können in eine der Wohnungen mit ihren hohen schönen Räumen mit Stuckdecken. Ich kann mir jetzt ein bisschen das Lebensgefühl der Zeit vorstellen, als das aufgeweckte, quirlige, lern- und wissbegierige Mädchen Hilde dort lebte.

Und sofort beginnen bei Hilde Domin die Erinnerungen wieder lebendig hervorzusprudeln. „Ja, wir hatten eine geräumige Wohnung mit zehn oder

16

elf Zimmern. Es gab ein Esszimmer, ein so genanntes Herrenzimmer, einen langen Flur, auf dem ich mit meinem Bruder Rollschuh fuhr oder Holländer, natürlich ein Kinderzimmer, das Schlafzimmer der Eltern und den so genannten Salon, der nur zu offiziellen Anlässen benutzt wurde und in dem der Flügel meiner Mutter stand."

Sie erinnert sich, dass sie unter diesem Flügel saß, während die Mutter Klavier spielte. Sie selbst habe zwar auch Klavierunterricht bekommen, erzählt sie, weil es damals für Mädchen so üblich war, aber sie habe nie so rechte Freude daran gehabt.

„Wichtiger war mir das Lesen", sagt sie. Und da konnte sie sich reichlich bedienen aus der Bibliothek, dem mit Glasfenstern versehenen Bücherschrank aus schwarzem Eichenholz, der niemals verschlossen war. Oft habe sie noch nachts unter der Bettdecke weiter gelesen, wenn ein Buch sie fesselte.

Die Wohnung hatte selbstverständlich eine Zentralheizung und im Wohnzimmer zusätzlich einen Kamin, der allerdings kein echter Kamin war, sondern einer mit Holzscheiten und Gasröhren, aus denen ein dekoratives Feuer züngelte. Hinter dem Bronzegitter mit Jugendstilschleifen verschwand einmal ihr Meerschweinchen und ließ sich erst nach Tagen wieder blicken.

Ich frage Hilde Domin nach Erinnerungen an ihre Schulzeit. Lernen sei ihr immer leicht gefallen, erzählt sie.

„Vielleicht", so meint sie jetzt in der Rückschau, „war ich für meine Lehrer keine ganz einfache Schülerin, weil ich immer schon alles im Voraus gelesen hatte."

Hilde Domin besuchte das Humanistische Mädchengymnasium Merlo-Mevissen, das sich in der Altstadt befand. Aufsätze schrieb sie gerne.

„Man machte ja damals noch Dispositionen für Aufsätze, und die schrieb ich manchmal für die halbe Klasse", erinnert sie sich. Ein Ereignis fällt ihr ein, das ihr beim Erzählen lebhaft vor Augen zu stehen scheint: „Einmal habe ich als Schülerin in der Lengfeld'schen Buchhandlung ein Buch von James Joyce kaufen wollen. Das muss die Buchhändlerin wohl stutzig gemacht haben. Jedenfalls rief sie bei meinen Eltern an, um zu fragen, ob das in Ordnung sei, weil sie der Ansicht war, diese Lektüre sei doch wohl nichts für ›Kinder‹." Hilde Domin schmunzelt und ergänzt ihre Erinnerung: „Das war damals doch relativ anders!"

Und dann erinnert sie sich besonders an ihr Abitur. Sie hatte sich in den Kopf gesetzt, in Geschichte über „Paneuropa" zu schreiben, ein Gedanke, der sie ungeheuer faszinierte, nicht aber den Schulrat, der prüfte.

„Und der hat mir dann meine Abiturnote verdorben. Ich machte seinetwegen nur mit einer Zwei statt mit einer Eins das Abitur. Und ich war so wütend darüber, dass ich mein schönes Seidenkleid zerriss!" Wer Hilde Domin kennt und weiß, wie energisch sie sich für etwas einsetzt, glaubt ihr diese Geschichte sofort.

„Ich war ganz *für* Paneuropa. Und der Schulrat war ganz dagegen!"

Die Ideen eines vereinten Europa von Graf von Coudenhove-Kalergi – er hatte die Paneuropa-Bewegung 1923 in Wien begründet –, die damals un-

geheuer modern waren, gefielen Hilde Domin außerordentlich gut, so dass sie sich gar nicht vorstellen konnte, dass jemand so gänzlich dagegen sein
konnte.

Am 21. September 1914 wurde der Vater, der zu
diesem Zeitpunkt bereits 43 Jahre alt war, zum
Kriegsdienst eingezogen. Für seine Verdienste im
ersten Weltkrieg wurde er mit dem Eisernen Kreuz
ausgezeichnet. Doch die Kriegsjahre scheinen den
großbürgerlichen Lebensstil der Familie Löwenstein
nicht sehr durcheinander gebracht zu haben. Bis auf
den Umstand, dass der „Salon" vorübergehend als
Vorratskammer für die Würste diente, die der Vater heimschickte. Und dass danach für eine kurze
Zeit ein englischer Unteroffizier in den zur Straße
gehenden Zimmern einquartiert war. Hilde Domin
erinnert sich vor allem noch daran, dass der Vater
„herrliche bunte Postkarten aus Belgien" geschickt
hat, die sie in große Fotoalben klebte. Auch später
wurde vom Krieg nie gesprochen. Dafür viel von der
Demokratie. Und von der Weimarer Republik, die
der Vater für den Idealstaat hielt.

Eugen Löwenstein, so erlebte ihn seine Tochter
Hilde, war ein äußerst rechtschaffener, korrekter
Mann, der in seiner Tätigkeit als Rechtsanwalt mit
Arbeitsschwerpunkt auf Zivilrecht niemals einen
Fall übernahm, den er nicht für vertretenswert hielt.
Seiner genauen Schriftsätze wegen war er bei den
Richtern am Oberlandesgericht sehr geschätzt.

„Mein Vater zwang mich zu nichts", erinnert sich
Hilde Domin. „Im Gegenteil: Er ermunterte und
bestärkte mich."

Wenn man bedenkt, dass Familien zur Zeit von Hilde Domins Kindheit überwiegend von patriarchalischen Grundmustern geprägt waren, mit wenig Freiheit und Entwicklungsmöglichkeiten für eigene Gefühle und Lebensvorstellungen, wo Erziehung meistens in Form von Geboten und Strafen stattfand, so kann man ermessen, wie prägend für ihr ganzes Leben die großzügige Haltung ihrer Eltern war.

„Ich *musste* nicht mit ihm (dem Vater) spazieren gehen, ich durfte es. Ich durfte schwimmen gehen, ich durfte mit ihm ins Gericht. Ich durfte mit ihm ins Theater. Ich durfte wegfahren nach Heidelberg, zum Studium, und ich durfte studieren, was ich wollte. Jura, wie mein Vater, natürlich. Und dann durfte ich die Jura aufgeben und Volkswirtschaft und Soziologie studieren, Wissenschaften, die die Welt ›verändern‹."

So beschreibt Hilde Domin die vom Vater gewährte Freiheit in ihrem Aufsatz „Mein Vater. Wie ich ihn erinnere".

Sie hat sich in ihrer Kindheit und Jugend nicht verbiegen müssen. Das natürliche Bedürfnis jeden Kindes nach Zuwendung und Bestätigung, nach Erprobung eigener Erfahrungen und Grenzen und nach Ausleben eigenständiger Gefühle wurde von den Eltern in ausreichendem Maße gewährleistet. Die Grundsteine für eine seelische Gesundheit wie Vertrauen, Dankbarkeit, Mut, Ehrlichkeit, die im Leben von Hilde Domin noch ganz entscheidende Schlüsselfunktionen einnehmen sollten, sind in ihrem Elternhaus gelegt worden.

„In meinem Elternhaus habe ich das Urvertrauen bekommen", sagt sie in unserem Gespräch, „das man als Kind bekommt oder nie. Und außerdem eine durch und durch demokratische Erziehung."

Das Temperament eines „enfant terrible", das gewesen zu sein sie behauptet, hat sie anscheinend von der Mutter geerbt. Jedenfalls sagt sie einmal, dass die Mutter „des Bombenwerfens fähig" gewesen sei und auch schon mal – im Gegensatz zum Vater – zu Ungerechtigkeit. Dennoch vermittelte sie sowohl ihrer Tochter als auch dem Sohn das Gefühl, jeder von ihnen sei ihr Lieblingskind.

Hilde Domin erinnert sich, dass sie ein zartes, von den Eltern behütetes, wenn nicht gar verzärteltes Kind gewesen ist. Als sie begann, mit dem Fahrrad zur Schule zu fahren, fuhr die Mutter anfänglich mit der Straßenbahn neben ihrer Tochter her, aus lauter Sorge, dass ihr etwas passieren könne.

Eugen Löwenstein unterstützte seine Frau in allem, was sie tat. Er bewunderte sie und sagte das auch ganz offen.

So hat Hilde Domin ein harmonisches Elternhaus erfahren, ein gutes, tragfähiges und vertrauensvolles Zusammenleben der Eheleute, was sicher nicht unwesentlich zu ihrem eigenen Lebensmodell der Zweisamkeit mit ihrem Ehemann Erwin Walter Palm beigetragen hat, mit dem sie 56 Jahre lang glücklich verheiratet war.

„Sie waren untrennbar", sagt sie in der Erinnerung. „Alles haben sie gemeinsam getan und entschieden, wobei es oft die Mutter war, die mit ihrer Fantasie und ihrem Temperament die Impulse gab."

Die großbürgerliche, großräumige Wohnung in der Riehlerstraße 23 in Köln war und blieb für Hilde

Domin das einzige wirkliche Zuhause. Alle späteren Wohnungen bezeichnet sie als „Fluchtwohnungen".

So passt es ins Bild, dass sie in ihrem einzigen Roman „Das zweite Paradies", den sie kurz nach der Rückkehr nach Deutschland nach über 22-jährigem Exil schrieb und den sie als „Rückkehrerroman" bezeichnet, auf den Zusammenhang von Zuhause und Kindheit hinweist. Sie verwendet als Motto ein Zitat von Ernst Bloch: „Was allen in die Kindheit scheint und worin noch niemand war: Heimat."

Über das Zuhause, das fraglose, in der Kindheit, schreibt Hilde Domin in „Das zweite Paradies":

„Das Zuhause hat einem nicht weh zu tun wie ein hohler Zahn. Das Zuhause ist da, und man fühlt es nicht. Wenn man es erst fühlt und betastet, wenn man es erst in die Hand nimmt wie eine zerbrechliche Kostbarkeit, die gleich hinfallen kann – die auch vielleicht schon einmal geleimt wurde –, ist es mit dem Zuhause vorbei. Es ist etwas, was man abgenommen bekommt. Wenn man Glück hat, bekommt man es wieder, aber es ist zu viel Erstaunen dabei, als dass es ganz wirklich wäre. Als müsse man dauernd ›ich atme‹ denken. Das Atmen wäre dann kein Genuss. Das Trauma macht überempfindlich für die Freude."

Hilde Domin hat diesen Roman ihrer Mutter gewidmet mit den Versen:

*Mein Julilaub,*
*mein Windschutz,*
*meine Mutter.*
Ihrem Andenken

Es mag erstaunen, dass es außer dieser einen Widmung für die Mutter, der Widmung ihres Essaybandes für beide Eltern und einem einzigen Widmungsgedicht für den Vater nur wenige Gedichte von Hilde Domin gibt, die sich mit diesen unvergessenen liebsten Menschen befassen. Vielleicht hat es damit zu tun, dass, solange die Selbstverständlichkeit ihrer Präsenz, ihres Für-sie-Daseins gegeben war, Hilde Domin noch gar nicht die Dichterin Hilde Domin war, sondern noch Hilde Löwenstein und später, nach ihrer Heirat, Hilde Palm.

Der Tod ihrer Mutter stürzte Hilde Palm in eine tiefe Krise, die sie an den Rand eines Selbstmords brachte. Über die näheren Umstände berichtet sie mir Folgendes: „Meine Mutter war 1947 aus den USA nach Deutschland zurückgekehrt zu meinem Bruder, der in Oberammergau lebte. Sie war amerikanische Staatsbürgerin geworden. Damals gab es ein Gesetz in Deutschland, dass Ex-Exilanten, die wieder in ihrer Heimat leben, der Pass nach fünf Jahren abgenommen wurde. Das hatte meine Mutter nicht gewusst und auch mein Bruder nicht bedacht. Der Verlust des amerikanischen Passes versetzte meiner Mutter einen schweren Schock. Sie wurde zuckerkrank. Ich erfuhr, dass meine Mutter sehr krank war und wollte ihr helfen, mit ihr in die Schweiz fahren, um sie zu beruhigen. Ich besorgte mir einen Ersatzpass für die Überfahrt. Aber ich hatte nicht genug Geld für die Reise, so dass ich Freunde um Geld bitten musste."

Als das Geld endlich kam, war es zu spät. Die Todesnachricht und das nötige Geld für die Reise kamen am selben Tag. „Meine Mutter starb, ohne dass ich sie noch einmal wieder sah. Aus Aufregung über den Verlust des Passes ist sie gestorben."

Die Lebenskrise, in die Hilde Palm dadurch geriet, war die Geburtsstunde der Dichterin Hilde Domin. Das Schreiben rettete ihr das Leben. Die Eltern waren beide tot, als Hilde Domin Gedichte zu schreiben begann. Ein Gedicht über die Mutter spricht in einer scheinbar grausamen Sprache, aus der man die Verzweiflung über die Sinnlosigkeit von Geborenwerden und Sterben herauszuhören meint.

*Geburtstage*

*Sie ist tot*

*heute ist ihr Geburtstag*
*das ist der Tag an dem sie*
*in diesem Dreieck*
*zwischen den Beinen ihrer Mutter*
*herausgewürgt wurde*
*sie*
*die mich herausgewürgt hat*
*zwischen ihren Beinen*
*

*sie ist Asche*
*

*Immer denke ich*
*an die Geburt eines Rehs*
*wie es die Beine auf den Boden setzte*

*Ich habe niemand ins Licht gezwängt*
*nur Worte*
*Worte drehen nicht den Kopf*

*sie stehen auf*
*sofort*
*und gehen*

Dieses „Herauswürgen" und „ins Licht zwängen"
als Beschreibung für einen Geburtsvorgang ist das,
wogegen man sich unwillkürlich sträubt. Und doch
gibt es die Gemütsverfassung der Dichterin zum
Zeitpunkt des Schreibens sehr unmissverständlich
wieder. Es ist auch interessant, dass in diesem Gedicht die Verbindung geschaffen wird zwischen dem
Tod der Mutter und der „Geburt" der Worte, die
anders als ein neugeborenes Kind, sich sofort von
ihrer „Mutter" lösen und fortgehen. Über diesen
Gedanken werden wir noch hören im Zusammenhang mit theoretischen Überlegungen zur Lyrik von
Hilde Domin.
　　Eine ähnliche Verbindung zwischen „Sterben"
und „Wort" besteht auch in dem einzigen Widmungsgedicht für den Vater.

*Exil*
meinem Vater

*Der sterbende Mund*
*müht sich*
*um das richtig gesprochene*
*Wort*
*einer fremden*
*Sprache.*

In diesem Gedicht kommt der Aspekt des In-der-
Fremde-Seins hinzu, ausgedrückt durch das Titel

gebende Wort „Exil" und die „fremde Sprache". Wie wichtig aber für die Dichterin die „Sprache" und das „Wort" sind, zeigt sich daran, dass sie diesen beiden Wörtern in dem sowieso auf Äußerste verknappten Gedicht als einzige eine eigene Zeile einräumt.

In ihrem Bericht „Unter Akrobaten und Vögeln" beschreibt Hilde Domin ihre „Geburt" als Dichterin folgendermaßen: „Ich, H.D. bin erstaunlich jung. Ich kam erst 1951 auf die Welt. Weinend, wie jeder in diese Welt kommt. Es war nicht in Deutschland, obwohl Deutsch meine Muttersprache ist... Meine Eltern waren tot, als ich auf die Welt kam. Meine Mutter war wenige Wochen zuvor gestorben."

Ich frage Hilde Domin nach ihrem Bruder, über den man aus ihren biografischen Aufzeichnungen nicht viel erfährt. Er war zweieinhalb Jahre jünger als sie. Die Geschwister haben sich gut miteinander verstanden. Im Kinderzimmer hielten sie gemeinsam ihre Tiere, besaßen ein Aquarium und ein Terrarium und veranstalteten Wettrennen auf ihren Schaukelpferden. Im Esszimmer wurde der Tisch ausgezogen zum gemeinsamen Pingpong-Spiel. Hilde erinnert sich, dass sie eine Zeit lang täglich im Herrenzimmer tanzten. Der Bruder machte kein Abitur, sondern verließ die Schule mit dem so genannten Einjährigen.

„Mein Bruder hatte keine Lust zu studieren", erzählt mir Hilde Domin. „Er wäre gerne Tänzer geworden. Aber damals wurde man nicht Tänzer als Sohn eines Anwalts. Komiker, so etwas hätte er gerne gemacht. Stattdessen musste er in den Handel gehen. Ein Bruder meines Vaters hatte eine kleine

Fabrik, eine Lederwarenfabrik, und die sollte er übernehmen, weil der Onkel kinderlos war. Man sagte ihm, er müsse sich darauf einrichten, die Fabrik zu übernehmen, worauf er gar keine Lust hatte. Er wurde also Verkäufer", fährt sie fort, „aber durch Hitler kam dann ja alles weg, und er ging nach Frankreich. Nachdem er dort die Arbeitserlaubnis verlor, ging er in die Vereinigten Staaten, wo er zuerst auch als Verkäufer arbeitete. Dann wurde er von der Armee requiriert. Er ist Amerikaner geworden."

Dieser Umstand, dass der Bruder in den USA lebte, sollte sich noch als segensreich erweisen. Nachdem die Eltern 1933 Nazi-Deutschland verließen und über Belgien und Frankreich nach England emigrierten, erhielten sie 1940 ein Visum für Amerika, was damals ohne die Hilfe des Bruders sehr schwierig gewesen wäre, es sei denn, man hätte sehr viel Geld gehabt. Aber das hatten sie ja nicht, das meiste Vermögen hatten sie durch die Machtergreifung Hitlers verloren, so dass sie auch in England auf die Unterstützung einer Schwester von Paula Löwenstein, die nach England geheiratet hatte, angewiesen waren.

Zum Geburtsjahr ihres Bruders, 1912, gibt es eine Anekdote: „Ich habe mir ja sein Geburtsjahr sozusagen ausgeliehen", sagt sie halb verschmitzt, halb ernst, und ergänzt sofort, „das hat mir mein Bruder leider übel genommen. Es war doch so, dass mein erster Gedichtband 1959 erschien, und da wäre ich schon fünfzig Jahre alt gewesen. Und da hat mir jemand vom Verlag empfohlen, mich einfach etwas jünger auszugeben. Also nahm ich das Geburtsjahr meines Bruders 1912."

Dieses Geburtsjahr steht noch in vielen Büchern, auch in Lexika. Erst an ihrem 90. Geburtstag hat Hilde Domin ihr „kleines Geheimnis" gelüftet und ihr wahres Geburtsjahr 1909 öffentlich gemacht. „Leider hat es mein Bruder nicht mehr erlebt. Er ist ein Jahr zuvor gestorben", sagt sie mit Bedauern.

„Bei der Armee in Amerika haben sie erkannt, wie intelligent er war," fährt sie fort zu erzählen. „Sie haben ihn nach London an ein Militärmuseum der Armee geschickt und später nach Oberammergau, wo die Amerikaner eine Art Hochschule hatten, an der Offiziere unterrichtet wurden. Und obwohl er kein Abitur hatte, wurde er dort eine Art Dozent. Er soll ein hervorragender Dozent gewesen sein. Der amerikanische Außenminister Kissinger war übrigens ein Kollege von ihm."

Hilde denkt gern an die Kinderjahre mit ihrem Bruder zurück.

Sie war, was auch heute noch für sie kennzeichnend ist, ein offenes und kommunikatives Kind, das auf die Menschen zuging. So erinnert sie sich zum Beispiel an ihren ersten Schultag, als sie ihrer Lehrerin hinterherlief, sie am Rock zupfte und ihr sagte, sie habe von ihr geträumt, was bei der Lehrerin Verlegenheit ausgelöst hat. Schon früh war ihr eigen, was für sie charakteristisch bleiben sollte: sich nicht um den „common sense" zu kümmern, weder zu sagen noch zu tun, was *man* sagt oder tut. Und genau das ist es, was sie jungen Menschen ans Herz legt: auf die innere Stimme zu hören und nicht auf das zu achten, was gerade „in" ist.

Auch am Ende ihrer Schullaufbahn stand ein Ereignis, das sie als „enfant terrible" auswies, das sich in keiner Weise konformistisch verhielt. In der Anwaltsrobe ihres Vaters verlas sie bei der Abiturfeier eine gereimte Anklageschrift auf die Schulzeit, die einer Lehrplankritik gleichkam, und löste damit bei den Mitschülerinnen (und vielleicht auch einigen Lehrern) große Zustimmung aus. „Es wurde viel gelacht, zu viel gelacht", erzählt Hilde Domin. Und die Folge wäre beinahe fatal gewesen. „Nach diesem Auftritt in meines Vaters Robe war von Zeugnisverweigerung die Rede."

Auch in der Schule vertrat sie die Interessen ihrer Mitschülerinnen. Sobald das Amt eingeführt wurde, wählte man sie zur Klassensprecherin. Und als eine Mitschülerin an Kinderlähmung erkrankte und lange Zeit nicht in die Schule kommen konnte, war sie es, die mit dem Mädchen gemeinsam die Schulaufgaben machte.

Hilde Domin formulierte 1978 in ihrer „Römerberg-Rede" ihr wichtigstes Credo so: „Das ›Wunder‹, ein im Lichte der Vernunft – um es mit Spinoza zu sagen – mögliches Wunder, für das hier Bereitschaft verlangt wird, besteht für mich darin, nicht im Stich zu lassen. Sich nicht und andere nicht. Und nicht im Stich gelassen zu werden. Das ist die Mindest-Utopie, ohne die es sich nicht lohnt, Mensch zu sein." Viele ihrer Gedichte sprechen von diesem „Nicht-im-Stich-Lassen", wie sie es schon als junges Mädchen an der erkrankten Mitschülerin praktiziert hat.

Dass Hilde Domin einer jüdischen Familie entstammte, bekam erst durch den Machtantritt Hitlers und die damit verbundene Verfolgung der Juden, die auch sie und ihre Familie ins Exil zwang, für sie Bedeutung. Ihre Kindheit wurde nicht durch jüdische Feste und Riten geprägt, sondern durch Weihnachten, Ostern und Nikolaus; denn ihre Eltern waren keine Glaubensjuden. Obwohl sie und ihr Bruder von klein auf wussten, dass sie Juden waren, war doch dieser Begriff nichts wirklich Lebendiges für sie. Und ihr Vater, von ihr dazu befragt, konnte es ihr nicht recht erklären und sagte, es sei für ihn nicht von Bedeutung, er fühle sich nur als Deutscher. Soweit er sich überhaupt mit einem Juden identifiziert habe, so sei das Heinrich Heine gewesen. Auch der war ja Düsseldorfer gewesen. Ihn betrachtete er wie einen nahen Verwandten.

In „Offener Brief an Nelly Sachs", den sie 1960 an Nelly Sachs geschrieben und 1966 veröffentlicht hat, formulierte Hilde Domin, was „Judesein" für sie bedeute: „Judesein ist, um es ganz deutlich zu sagen, keine Glaubensgemeinschaft für mich, keine Volkszugehörigkeit ... und natürlich keine Rassenfrage. Es ist eine Schicksalsgemeinschaft. Ich habe sie nicht gewählt wie andere Gemeinschaften, die dann zu Schicksalsgemeinschaften werden. Ich bin hineingestoßen worden, ungefragt wie in das Leben selbst. In das Leben hier in Deutschland, in diesem Jahrhundert, und als Kind meiner Eltern. Von einer Schicksalsgemeinschaft aber, wie immer sie auch zustande gekommen sei, kann sich der emanzipierte Mensch, der ›befreite‹, nicht drücken, die menschliche Solidarität gehört unabdingbar zu seinem Credo, ohne sie wäre er nichts als ein Objekt der Umstände... Mit seiner Zwangs- und Schicksalslage solidarisch zu sein (ohne sie wegzulügen, was eine andere Möglichkeit wäre), darin besteht das, was andere Zeiten die Menschenwürde nannten und was auch ich so nenne: das Unverlierbare, ohne das Leben sinnlos ist."

Und obwohl dieses „Judesein" sie ihrer Heimat beraubte, sie zur „permanenten Flucht" in ein 22-jähriges Exil zwang, bejaht Hilde Domin dieses ihr aufgezwungene Schicksal. Denn sie verdankt ihm Erfahrungen, die ihr sonst fremd geblieben wären. Ohne die sie nicht zur Dichterin des „Dennoch" geworden wäre.

# Studienjahre

Nach dem Abitur schien für Hilde Domin ein ganz normales Studentenleben seinen Anfang zu nehmen. Ostern 1929 ging sie in die Universitätsstadt Heidelberg und nahm das Studium der Jurisprudenz auf. Der Vater hatte ihr Heidelberg für das Jurastudium empfohlen, weil dort der von ihm hochgeschätzte Professor Gustav Radbruch lehrte. Ihre Mutter begleitete sie und war ihr bei der Suche nach einer Unterkunft behilflich.

Auch wenn die Eltern ihre Tochter schon in Köln an langer Leine ihre Erfahrungen hatten sammeln lassen, so war das eigenständige, selbstverantwortete Dasein, das nun fern der Obhut der Eltern begann, doch etwas anderes. So glaubte die Mutter, vor ihrer Rückkehr nach Köln Hilde der Fürsorge ihrer Kusine empfehlen zu müssen, was Hilde nicht wenig entsetzte. Die mütterliche Fürsorge versiegte natürlich auch während ihrer Studienzeit nicht. Regelmäßig konnte Hilde ihre Wäsche nach Hause schicken und erhielt die Pakete nicht nur mit sauberer Wäsche, sondern immer noch zusätzlichen Geschenken in Form von Essen, Geld oder Süßigkeiten zurückgesandt.

Heidelberg wurde für die Studentin Hilde Löwenstein die „geistige" Stadt im Gegensatz zur „mythischen" Stadt Köln, der Stadt ihrer Geburt und Kindheit. Bei Professor Radbruch hörte sie die Vorlesungen zur Einführung in die Rechtswissenschaft. Bei ihm lernte sie, juristische Probleme von verschiedenen Seiten zu betrachten, Position und Gegenposition zu beziehen.

Dieses dialektische Denken als Grundausstattung floss später, als aus der Soziologin und politischen Wissenschaftlerin die Dichterin Hilde Domin wurde, auch in ihre Dichtung ein. Als Stilmittel für Gedichte postulierte sie das Paradox. Oder anders gesagt: Im Reflektieren über die entstandenen Gedichte erkannte sie, dass das Paradox ihr Hauptstilmittel war. Im Gedicht formuliert sich das Gegenteil vom Erwarteten. Die allgemeine Ansicht wird ad absurdum geführt. Und auch der Dichter selbst befindet sich in einer paradoxen Lage, indem er Dinge zusammenfügt im Fluss der Worte, die scheinbar nicht zusammengehören. Kennzeichnend in der Lyrik Hilde Domins war schon die Wahl des Titels für ihren ersten Gedichtband, der 1959 erschien: „Nur eine Rose als Stütze". Ebenso paradox ist das Motto in diesem Band: „Ich setzte den Fuß in die Luft / und sie trug." Es war eine Antwort auf die paradoxe Behauptung des Dichters Lope de Vega aus dem Anfang des 17. Jahrhunderts: „Dando voy pasos perdidos / por tierra, que todo es aire", was übersetzt heißt: „Verlorene Schritte tu ich / auf Erden denn alles ist Luft."

Um den Tatbestand der Verwendung von paradoxen Aussagen bzw. Bildern zu illustrieren, sei das ganze Gedicht zitiert:

*Nur eine Rose als Stütze*

*Ich richte mir ein Zimmer ein in der Luft*
*unter den Akrobaten und Vögeln*
*Mein Bett auf dem Trapez des Gefühls*
*wie ein Nest im Wind*
*auf der äußersten Spitze des Zweigs.*
*Ich kaufe mir eine Decke aus der zartesten Wolle*
*der sanftgescheitelten Schafe die*
*im Mondlicht*
*wie schimmernde Wolken*
*über die Erde ziehn.*

*Ich schließe die Augen und hülle mich ein*
*in das Vlies der verläßlichen Tiere.*
*Ich will Sand unter den kleinen Hufen spüren*
*und das Klicken des Riegels hören,*
*der die Stalltür am Abend schließt.*
*Aber ich liege in Vogelfedern, hoch ins Leere gewiegt.*
*Mir schwindelt. Ich schlafe nicht ein.*
*Meine Hand*
*greift nach einem Halt und findet*
*nur eine Rose als Stütze.*

Doch schon bald fand Hilde in der Jura nicht mehr das, was sie wollte. Sie wollte sich in Wissenschaften heranbilden, die die Gesellschaft verändern helfen. Das waren in ihren Augen Nationalökonomie, Soziologie und Philosophie. Hochgemut, wie es das Privileg der Jugend ist, kehrte sie aus dem 2. Semester nach Hause zurück und verkündete: „Familiensachen interessieren mich nicht mehr. Mich interessiert nur noch die Menschheit."

Als ersten Schritt zu diesem Programm war sie Mitglied einer sozialistischen Studentengruppe geworden. „Das Kapital" von Karl Marx und andere Werke über ökonomische Theorie gehörten zur ihrer Lektüre. „Ich informierte mich gründlich."

Die Eltern reagierten auf diese erneute Extravaganz ihrer Tochter großzügig. Während der Semesterferien hielt Hilde im Wohnzimmer in der Riehler Straße eine Arbeitgemeinschaft ab mit anderen Studenten und Arbeitern. Es wurde gemeinsam gelesen und natürlich diskutiert. Um nicht zu stören, überließen die Eltern ihr die Wohnung einmal in der Woche für diese Versammlungen.

Ein Unfall zwang Hilde, ihr Studium in Heidelberg zu unterbrechen: Sie hatte sich eine schwere Verbrennung am Kopf zugezogen, als ihre Lockenwickler aus Zelluloid in Brand gerieten. Bis zur völligen Genesung studierte sie deshalb in Köln. Eine weitere kurze Station im Studium war Berlin, Ende 1930, Anfang 1931.

Als linke Sozialdemokratin nahm sie aktiv teil am politischen Leben der letzten Jahre der Weimarer Republik. Hier hörte sie in der Hasenheide auf einer nationalsozialistischen Versammlung erstmals Hitler reden und erkannte als politisch geschulter Mensch sofort, was sich da zusammenbraute. Damals entschloss sich Hilde Domin, Deutschland zu verlassen, falls Hitler an die Macht käme. Frühzeitig ahnte sie voraus, dass dieser machtbesessene Mensch all das, was er in „Mein Kampf" geschrieben hatte, auch wirklich durchführen würde. Man bezeichnete sie deshalb als Schwarzseherin und nannte sie „Kassandra".

Doch erst einmal konnte sie zum Sommersemester 1931 zum Studium nach Heidelberg zurückkehren. Es begann für sie die „große Zeit von Heidelberg", in der sie bei so bedeutenden Professoren wie Karl Jaspers und Karl Mannheim Vorlesungen hörte.

Bei Karl Mannheim lernte sie das Relativieren des eigenen Standpunkts, „die geistige Gymnastik, sich selbst aus der Distanz zu sehen", wie sie sagt. Und von Jaspers hörte sie das Diktum: „Im Scheitern kommt der Mensch zu sich selbst." Ein Satz, dessen Wahrheitsgehalt zu erfahren und zu überprüfen sie in gar nicht so ferner Zukunft reichlich Gelegenheit erhalten sollte.

Und dann war da noch das für ihre persönliche Zukunft einschneidendste Erlebnis: Am ersten Tag des Sommersemesters 1931 lernte sie den Archäologiestudenten Erwin Walter Palm kennen. In der Mensa begegneten sie sich das erste Mal und begannen das Gespräch, das 56 Jahre lang währen sollte – der Beginn einer Zweisamkeit, deren Verlust Hilde Domin in dem FAZ-Fragebogen als das größte Unglück bezeichnete. Das war vor dem Tode ihres geliebten Mannes im Jahre 1988.

Palm war gerade erst in Heidelberg angekommen und fragte die hübsche Studentin mit den ausdrucksvollen Augen, als sie gemeinsam in der Essensschlange standen, wo sie wohne. Dem Charme des gut aussehenden jungen Mannes hat sie keinen Augenblick widerstehen können. Und so entschied sich ihrer beider gemeinsames Leben in diesen Minuten ihrer Begegnung.

Fortan gingen sie gemeinsam in die Vorlesungen und Seminare von Jaspers, lasen auf ihrem Studentenzimmer gemeinsam Plato und tauschten in der Aula sehnsuchtvoll Zettelchen miteinander. Es war Sommer. Hilde und Erwin paddelten gemeinsam auf dem Neckar bis hinauf nach Neckarsteinach. Und sie schwammen im Neckar, ganz so wie Hilde als Kind im Rhein geschwommen war. Abends gab es Tanzveranstaltungen. Und im Café Krall traf man sich mit anderen Studenten zu endlosen Diskussionen, denn dort durfte man bis Mitternacht sitzen bleiben, wenn man sich mit den so genannten „Krallinchen", einem besonderen Gebäck für Studenten, für einen Preis von zehn Pfennigen den Eintritt und einen Sitzplatz „erkauft" hatte.

Die Sitten waren damals noch streng. Wenn Hilde abends ihren Freund Erwin bei sich empfangen wollte, musste sie ihm den Hausschlüssel heimlich aus dem Fenster werfen. Hilde wohnte im berühmten „Thibauthaus", das einen herrlichen Garten besaß, in dem sie beide ihre ersten Kaninchen hielten, ihren ersten gemeinsamen Besitz, bis zu ihrem Fortgehen aus Deutschland.

In diesem Haus, in dem sie zur Untermiete bei dem Flötisten Schmiedel wohnte, hatte Goethe den „Thibautschen Singabenden" gelauscht. Und wahrscheinlich war auch er schon durch den wunderschönen Garten hinauf zum Schloss gegangen. Vielleicht waren sogar einige Gedichte des Diwanzyklus dort entstanden.

Hildes Studentenwohnung muss man sich durchaus komfortabel vorstellen. Es handelte sich um zwei hintereinanderliegende, durch einen Vorhang getrennte Zimmer, ein Schlaf- und ein Wohnzimmer, das mit Biedermeiermöbeln ausgestattet war.

Als die Mutter Hilde in Heidelberg besuchte und deren Freund kennen lernte, war sie sofort mit der Wahl ihrer Tochter einverstanden und akzeptierte ihn schon damals als ihren Sohn beziehungsweise Schwiegersohn, obwohl noch einige Jahre vergehen sollten, bis die zwei nach dem beiderseitigen Doktorexamen in Rom heirateten.

Hilde Löwenstein und Erwin Walter Palm hätten sich in ihrer Studienstadt Heidelberg und in dem wunderbaren Gefühl der Zusammengehörigkeit nun aufs Schönste einrichten können. Doch die Zeiten waren nicht danach. In der Karlstraße, wo Hilde wohnte, spielten bereits die Kinder „Umzüge", je nach Parteizugehörigkeit der Eltern entweder kommunistische oder nationalsozialistische, und führten eine Art „Liederkrieg" gegeneinander. Man begann zu ahnen, wie aufgeheizt die Stimmung der Anhänger beider extremer Parteien zu werden drohte.

Hilde Löwenstein, schon immer couragiert, wenn es Entscheidungen zu treffen galt, fühlte sich immer unbehaglicher und schlug Erwin vor, eine Studienreise nach Italien zu machen, zunächst wegen seines Arbeitsgebietes, der antiken Stätten. Als Land zukünftiger Studien war Italien allerdings nicht vorgesehen. Ursprünglich dachten beide an die Schweiz als mögliches Studienland. Auf jeden Fall wollten sie aus Deutschland fortgehen. Hilde rechnete damit, dass die Nazis an die Macht kommen würden.

Auf der Fahrt in die Schweiz erlebten sie in Freiburg die emotional hoch aufgeputschte Stimmung in der deutschen Bevölkerung. Es war der Wahlsonntag des 20. Juli 1932. „Man sah die engen Straßen nicht, so zugehängt waren sie mit roten Transparenten und

Hakenkreuzfahnen. Unter den Fahnen, Knäuel von Menschen, Trupps von grölenden Halbwüchsigen. Die Luft war zum Schneiden, wie vor einem Gewitter", beschreibt Hilde Domin die Erinnerung in „Randbemerkungen zur Rückkehr".

Auf der Weiterreise in Basel angekommen, glaubten sie, einem Alptraum entronnen zu sein, so friedlich war hier die Stimmung. „Die Luft war so frei von Kalamität und Desaster, als habe Gott mit einer großen Spritze alle Straßen blankgesprengt."

Gerade dieser Kontrast machte ihnen in aller Klarheit deutlich, dass in Deutschland nur noch mit dem Schlimmsten zu rechnen sei. „Es war, als sei schon alles entschieden, und alles sei verloren", sagt sie rückblickend auf dieses Erlebnis.

Für Hilde Domin stand nun erst recht außer Frage, dass für sie beide als Juden in Deutschland kein Platz mehr sein konnte. Rückblickend erkannte sie, wie wichtig dieser Schritt in die Freiheit gewesen ist, der erste von vielen weiteren, der erste ins noch „probeweise Exil" vor den weiteren der erzwungenen Exile:

„Wie ich versuche, über das Verlassen der Heimat zu sprechen, entdecke ich zu meinem Erstaunen, dass offenbar die Tatsache, daß ich im Jahre 1932 dem Zwang zuvorgekommen bin, daß ich (…) in sehr jungen Jahren mich selber entschied, wissend, daß schon alles entschieden war, daß dies freiwillige Aufgeben des in Wahrheit schon Verlorenen mein ganzes Leben bestimmt zu haben scheint. Es hat meinen Freiheitsbegriff geprägt. Nicht so sehr, daß ich ›in die Freiheit' ging, sondern dass ich mir die Freiheit nahm zu gehen."

Italien sollte es also sein. Rom. Doch einmal dort angekommen, erwies die Stadt sich als das, was sie im Grunde von vornherein gewesen war: die erste Station ihres langjährigen Exils, das hier im Oktober 1932 begann.

Dichterisch formulierte Hilde Domin später diese weitere Paradoxie ihres Lebens in dem Gedicht „Ziehende Landschaft", dem ersten ihres ersten Gedichtbandes „Nur eine Rose als Stütze".

*Ziehende Landschaft*

*Man muß weggehen können*
*und doch sein wie ein Baum*
*als bliebe die Wurzel im Boden,*
*als zöge die Landschaft und wir ständen fest.*
*Man muß den Atem anhalten,*
*bis der Wind nachläßt*
*und die fremde Luft um uns zu kreisen beginnt,*
*bis das Spiel von Licht und Schatten,*
*von Grün und Blau,*
*die alten Muster zeigt...*

Die Lebensthemen von Hilde Domin sind in diesem frühen Gedicht angesprochen: Verlassen der Heimat, Bewahren der „Wurzel", die sowohl die Heimat als auch die deutsche Sprache versinnbildlichen kann. Und der Wille, sich auch die Fremde anzuverwandeln, bis sie „die alten Muster zeigt" und man selbst in der Fremde – „wo es auch sei" – durch diesen Bewusstseinsakt so etwas wie ein Zuhause haben kann.

Um dies so erleben zu können, war es für Hilde Domin wichtig, Subjekt und nicht Objekt der politischen Umstände zu sein. In ihrem Roman „Das zweite Paradies" hat sie das Weggehen so beschrieben: „Es war ein guter Tag, denn du konntest noch aufrecht fortgehen, du fielst nicht mit dem Gesicht auf den Boden, weil du von rückwärts gestoßen wurdest. Niemand hat dich hinausgeworfen, beinah bist du von selbst gegangen. Es ist wichtig, nicht öffentlich beschämt zu werden."

Natürlich begann damals auch dies andere Gefühl, das die beiden Studenten fortan begleiten sollte, das des Nicht-Heimisch-Seins.

*Gewöhn dich nicht.*
*Du darfst dich nicht gewöhnen.*
*Eine Rose ist eine Rose.*
*Aber ein Heim*
*ist kein Heim.*

*Sag dem Schoßhund Gegenstand ab,*
*der dich anwedelt*
*aus den Schaufenstern.*
*Er irrt. Du*
*riechst nicht nach Bleiben…*

Das wird aus der Rückschau gesagt. Aber sicher war es auch schon damals da, dieses Gefühl, wenn auch vielleicht noch sehr irrational. Denn sie waren ja jung, hatten ihre Zukunft vor sich liegen. Und die lag zunächst in der Fortsetzung ihrer Studien. Rom war für den Studenten der Archäologie der ideale Arbeitsplatz. Erwin Walter Palm liebte die Stadt, und natürlich liebte seine Lebensgefährtin Hilde sie auch.

In Italien zu leben war trotzdem nicht unproblematisch. Denn Mussolini war bereits an der Macht. Aber wenn man sich nicht um Politik kümmerte, hatte man in den ersten Jahren ihres Italienaufenthaltes nicht viel zu befürchten. Um diese Situation nicht zu gefährden, wandte sich Hilde Domin in ihren Studien von der Gegenwart ab und der Vergangenheit zu: Sie arbeitete über die Staatstheorie der Renaissance und promovierte über das Thema „Pontanus als Vorläufer von Machiavelli".

Bereits ein halbes Jahr nach ihrer Abreise nach Italien erwies sich die Richtigkeit von Hilde Domins Ahnungen: Hitler hatte die Macht übernommen. Zu diesem Zeitpunkt erwogen sie und Erwin Palm, nach Spanien weiterzuziehen, da es sie intellektuell sehr verlockte. Dass daraus nichts wurde, weil man in Spanien ihre Abiturzeugnisse nicht anerkannte, erwies sich im Nachhinein als Glück. Sie wären sonst in den Bürgerkrieg geraten.

Eine Sorge ließ Hilde Domin nicht ruhen: die Sorge um ihre noch immer in Köln lebenden Eltern. In Briefen flehte sie sie so lange an („Ich kann nicht schlafen, solange Ihr in Deutschland seid"), bis sie sich tatsächlich zur Flucht entschlossen. Es war an ihrem 25. Hochzeitstag, als die Eltern über die Grenze nach Belgien gingen und dann nach England auswanderten, wo zwei Schwestern der Mutter, beide verheiratet mit Engländern, lebten.

1935 promovierte Hilde Domin bei Armando Sapori an der Universität von Florenz und hatte damit ihr Studium beendet. Ihr wurde von der Universität eine Dozentenstelle angeboten, die sie aber ausschlug, weil Erwin Walter Palm – nach seiner eigenen Promotion ebenfalls in Florenz (er promovierte über Ovid) – lieber in Rom seine Studien über römische Kunst und römische Mythologie fortsetzen wollte. Also kehrten sie gemeinsam nach Rom zurück.

Hilde stellte erst einmal ihre eigenen beruflichen Wünsche einer wissenschaftlichen Laufbahn hintan, um durch Sprachunterricht für ihrer beider Lebensunterhalt zu sorgen. Sie dachte damals, dass es nur eine kurze Übergangssituation wäre. Sie glaubte, dass Erwin sehr schnell berühmt werden würde, und wollte ihm gerne auf dem Weg dahin helfen und anschließend ihre eigenen Pläne verwirklichen.

1936 heirateten Hilde Löwenstein und Erwin Walter Palm in Rom. Im Konservatorenpalast auf dem Kapitol wurden sie nach römischem Recht getraut. „Das war schon eine besondere Sache", erzählt sie, „der Standesbeamte hatte die italienische Trikolore um den Bauch gewickelt und weihte mich, nachdem er die Trauungsformel aufgesagt hatte, in meine Pflichten als Ehefrau ein. Das war doch sehr viel anders, als man es sich in Deutschland hätte vorstellen können. Denn er schloss seinen Pflichtenkatalog mit der Bemerkung: ›e i bambini si vaccinano‹, was so viel heißt wie: ›Und die Kinder werden geimpft‹."

Nach der Heirat bezogen die Palms ihre erste eigene Wohnung. Bisher hatten sie stets zur Untermiete gewohnt. Gemeinsam. Was damals nicht üblich war für ein unverheiratetes Paar. Aber um Konventionen scherten sie sich nicht, wenn es auch bedeutete, dass sie in die so genannten besseren

Kreise nicht eingeladen wurden. Aber für sie zählte nur, dass sie zusammen waren.

Sie bezogen eine außergewöhnliche Wohnung auf dem Kapitol. In ihr hatte die berühmte Eleonora Duse gewohnt. Und entsprechend war die Wohnung noch ausgestattet: mit vielen Spiegeln in raffinierter Anordnung. Die Möbel kauften sie auf dem Campo dei Fiori, dem römischen Flohmarkt, und bei Trödlern, denn viel Geld hatten sie nicht. Von den Eltern bekamen sie Silber, Porzellan und Perserteppiche, die sie bei ihrer Flucht aus Deutschland gerettet hatten. Bald auch ließen sie sich ihre Bücher aus Köln, Heidelberg und Frankfurt nachschicken.

Es muss eine sehr hübsche Wohnung gewesen sein, in der sich das junge Paar einrichtete. Einen schöneren Ausblick kann man sich kaum vorstellen als den auf Forum und Palatin und einen hundertjährigen Glyzinienbaum, der sich bis zur Terrasse ihrer Wohnung im vierten Stock empor rankte. Sie verlebten dort eine glückliche Zeit und wären freiwillig aus Rom wohl nie weggegangen.

Erwin schrieb wissenschaftliche und zunehmend auch literarische Arbeiten. Er schrieb sie in italienischer Sprache, die sie beide inzwischen gut beherrschten. Und Hilde redigierte sie zusammen mit einem italienischen antifaschistischen Lehrer, der aus dem Schuldienst entlassen worden war. Mit einem Franzosen überarbeitete sie Erwins auf Französisch geschriebene religionswissenschaftlichen Aufsätze. Und zusätzlich gab sie Deutschunterricht.

„Wir lebten damals buchstäblich von der Sprache", erzählt Hilde Domin. Und es begann damals, was sie später ihre „Sprachodyssee" nennen sollte.

Zu jener Zeit wollten viele Italiener die deutsche Sprache erlernen, wodurch sie glücklicherweise keinen Mangel an Schülern hatte. Aber der Unterricht wurde sehr schlecht bezahlt. Von morgens acht bis abends acht mit einer nur kurzen Mittagspause gab sie stundenweise Sprachunterricht. Um das geringe Einkommen aufzubessern, vermieteten sie zwei Zimmer ihrer Wohnung an einen Junggesellen, der tagsüber in einem Büro arbeitete, so dass Hilde Domin diese Zimmer während seiner Abwesenheit für ihre Deutschstunden mitbenutzen konnte.

Im Parterre wohnte der russische Dichter Iwanow mit seiner Familie. Man nannte ihn den russischen Mallarmé. Und es war kein Wunder, dass sie sofort mit ihm Freundschaft schlossen. Auch mit seiner Frau, „Flamingo" genannt, einer Art lebendem Lexikon, denn sie wusste auf alle Fragen der Philosophie – sie war Doktorin der Philosophie – Antwort zu geben. Gemeinsam tranken sie Tee, lasen Gedichte und diskutierten.

Doch ab 1936 wurde es fortschreitend schwieriger. Mussolini band sich immer enger an Hitler. Die Lage verschlechterte sich sichtlich nach dem Besuch Hitlers in Rom und der Bildung der „Achse Rom–Berlin". Politisch einschneidende Ereignisse wie die Annektierung Österreichs und der Tschechoslowakei, der Abessinische Krieg und auch der Spanienkrieg hatten für die deutschen Emigranten spürbare Folgen. Erwins Arbeiten wurden nicht mehr in Italien gedruckt. Immer öfter stand die Polizei vor der Tür und kontrollierte die Papiere. Und sie bemerkten, dass ihre Wohnung beobachtet wurde. Um den Polizeikontrollen, die meistens am frühen

Morgen stattfanden und einer möglichen Verhaftung zu entgehen, verließen Erwin und Hilde eine Zeit lang schon vor fünf Uhr die Wohnung, fuhren mit der Straßenbahn rund um Rom und frühstückten auswärts in einer Bar, um dann zurückzukehren und ihren Arbeiten nachzugehen. Natürlich war die Lage alles andere als gemütlich. Es wurde damit begonnen, deutsche Flüchtlinge auszuweisen und Hitlergegner, aber auch Hitleropfer, ins Gefängnis zu werfen.

Die Unsicherheit und Ungewissheit wurden immer größer. Lange war dieser Zustand nicht mehr auszuhalten. So hielten sie einige Wochen lang kleine Handkoffer, gepackt mit dem Nötigsten für eine plötzliche Abreise, in einem Schrank versteckt bereit.

Als hätte sie einen sechsten Sinn, entschloss sich Hilde Palm eines Abends von einem zum anderen Moment, mit ihrem Mann die geliebte Wohnung zu verlassen. Sie fuhren die ganze Nacht hindurch bis nach Sizilien. Was sie vorausgeahnt hatte, traf ein. Am nächsten Morgen stand die Polizei vor der Tür, um sie ins Gefängnis abzuholen.

Die Abreise aus Rom schien zwar überstürzt, doch war sie schon seit einiger Zeit geplant und vorbereitet. Der Plan war, nach England zu gehen. Doch dafür brauchten sie ein Visum. Nur weil Hildes Eltern in England lebten und sie zusätzlich englische Verwandtschaft hatten, war es ihnen möglich, eines zu bekommen. Das war ein großer Glücksfall, denn England erteilte normalerweise nur noch für Kinder oder alte Menschen Visa. „Es war wie ein Wunder", sagt Hilde Domin.

Deshalb ist ihr die Dankbarkeit so wichtig, das Nicht-Vergessen von erfahrener Hilfe, ohne die sie heute nicht mehr leben würde und die sie deshalb auch anderen Menschen zukommen lassen möchte. Nach ihrer Lieblingstugend befragt, sagte sie einmal: „Eine glückliche Hand für andere zu haben." Und welche Fehler sie am ehesten entschuldigen würde? „Die, die aus Hilfsbereitschaft begangen werden."

Den Glauben an den Menschen nicht zu verlieren, das ist das, was die Dichterin und den Menschen Hilde Domin kennzeichnet.

An das Wunder glauben, davon spricht auch ein kleines Gedicht, das wie die Essenz eines leidgeprüften, eines widerständigen, eines von unverlierbarer Hoffnung geprägten Lebens ist. Es gehört zu den am meisten gelesenen, übersetzten, veröffentlichten, an die Wände vieler Wohnungen gepinnten Gedichte:

*Nicht müde werden*
*sondern dem Wunder*
*leise*
*wie einem Vogel*
*die Hand hinhalten.*

So gelang es Hilde und Erwin Palm, doch noch einen halbwegs geregelten Fortgang aus Italien zu schaffen. Um den Transport ihrer Möbel und vor allem der stattlich angewachsenen Zahl an Büchern nach England finanzieren zu können, mussten sie allerdings das elterliche Porzellan und Silber, ihre Hochzeitsgeschenke, verkaufen.

Auf die nächste Station ihres Exils bereiteten sie sich mit der Lektüre von englischen Gedichten vor. Ihre Eltern hatten ihnen, sobald sie das Visum bekommen hatten, Bücher von Keats, Shelley und Swinburne geschickt.

Der Abschied von Italien, von Rom vor allem, fiel ihnen alles andere als leicht, hatten sie hier doch mehr als sechs glückliche Jahre verbracht. Rückblickend sagt Hilde Domin zu jenen Jahren. „Ja, es ist wahr, wir haben dort glückliche Augenblicke gehabt. Nein, auch das ist verkehrt. Es war eine glückliche Zeit, aus der wir ununterbrochen aufgeschreckt und aufgejagt wurden. Für uns, die wir jung und zusammen waren, die wir jeden Morgen die Sonne über Forum und Palatin aufgehen sahen, über der großartigen und geliebten Stadt, und die wir abends miteinander lasen, was er tags geschrieben hatte, war es eine anstrengende Zeit, in der wir jeweils nur kurze Strecken lang unsere Kontinuität mit uns selber bewahren konnten. Versucht haben wir es immer wieder. Objektiv und von außen gesehen, war es eine Hundezeit. Im Politischen wie im Ökonomischen. Aber nur von außen. Nur objektiv."

Im Februar 1939 verließen die Palms endgültig Italien, um über Frankreich nach England zu emigrieren. Während sie nach Italien noch auf eigenen Entschluss gegangen waren, war das Verlassen Italiens erzwungen. Sie wurden ausgewiesen wie alle Exilanten.

# Exil

Bevor ich fortfahre, die weiteren Stationen von Hilde Domins Exil zu schildern, möchte ich hier einige grundsätzliche Überlegungen zum Exil und zum Zustand des Exilierten voranstellen. Hilde Domin hat sich dazu klar ausgesprochen.

In ihrem Aufsatz „Exilerfahrungen" (1969) beschrieb sie den Vorgang des Exiliertwerdens so: „Es handelt sich um das Herausnehmen eines Menschen aus dem normalen Kontext seines Lebens, und zwar ein gewaltsames und unfreiwilliges Herausnehmen." In dem Gedicht „Wen es trifft" hat sie für diese gewaltsame Herausnahme ein eindrucksvolles Bild verwandt:

*Wen es trifft,*
*der wird aufgehoben*
*wie von einem riesigen Kran*
*und abgesetzt*
*wo nichts mehr gilt,*
*wo keine Straße*
*von Gestern nach Morgen führt.*
*Die Knöpfe, der Schmuck und die Farbe*
*werden wie mit Besen*
*von seinen Kleidern gekehrt.*
*Dann wird er entblößt*
*Und ausgestellt.*

*Er wird durch die feinsten*

*Siebe des Schmerzes gepreßt*
*Und durch die unbarmherzigen*
*Tücher geseiht*
*die nichts durchlassen*
*und auf denen das letzte Korn*
*Selbstgefühl*
*zurückbleibt...*

Exil ist die Aufhebung aller Freiwilligkeit, hier im Bild des riesigen Krans versinnbildlicht, der einen packt und hochhebt, um einen dort abzusetzen, wo alle Selbstverständlichkeit verloren, die Gegenwart bedroht und die Zukunft ungewiss ist.

„Er wird durch die feinsten Siebe / des Schmerzes gepresst." Das ist zum einen wörtlich zu verstehen. Aber es ist zugleich mehr damit gemeint, etwa in dem Sinne, wie es Nelly Sachs – eine andere große deutsch-jüdische Dichterin, die im Exil ihre bedeutendsten Gedichte schrieb – formulierte: „An uns übt Gott Zerbrechen."

Mehr noch als für die politisch Verfolgten galt diese Erfahrung und zudem die des Verlustes des „letzte(n) Korn(s) Selbstgefühl" für die rassisch Verfolgten der Nazidiktatur. Und unter diesen wiederum noch mehr für denjenigen, der sich mit dem Judentum nicht identifizierte, wie es für Hilde Domin und ihre Familie zutraf, weil sie als assimilierte Juden sich weitaus mehr als Deutsche denn als Juden fühlten. Ein solcher Mensch hat „die Schwierigkeit, sich wiederzuerkennen und sich zu identifizieren mit der spezifischen Brandmarkung", da er „keinerlei ausgesprochene Zugehörigkeit zu der ethnischen Gruppe empfunden hat, als deren Mitglied er plötzlich verfolgt und vor die Tür gesetzt und aller Rechte beraubt ist", schreibt Hilde Domin in „Exilerfahrungen".

Der Mensch, der im Exil lebt, muss ständig die äußere Heimatlosigkeit erleiden und die innere Heimatlosigkeit bekämpfen.

Als wir im Gespräch auf diese Problematik kommen, lese ich Hilde Domin einen kurzen Text von Heinrich Böll vor: „Der Mensch ist ja ein Gottesbeweis. Ich meine die Tatsache, daß wir alle eigentlich wissen – auch wenn wir es nicht zugeben –, daß wir hier auf der Erde nicht zu Hause sind, nicht ganz zu Hause. Daß wir also noch woanders hingehören und von woanders kommen."

„Das mit dem Zuhause unterschreibe ich sofort", sagt sie lebhaft und verweist auf einen Satz von Else Lasker-Schüler: „Nur Ewigkeit ist kein Exil."

„Ja", sagt sie, „exilium vita est. Das Exil ist nur die Extremerfahrung der conditio humana."

Und denjenigen, die einen Glauben haben, gebe dieser sicher auch hier schon so etwas wie Heimat. „Du, Glückliche, du glaubst", schrieb Hilde Domin in ihrem „Offenen Brief an Nelly Sachs" und fährt fort: „Aber wenn er nicht den Glauben hätte? Du hast es für uns alle definiert: ›An uns übt Gott Zerbrechen‹, hast Du gesagt… An uns (den Juden; I.S.) wird etwas mehr Zerbrechen geübt als an anderen. Exemplarischer wird es geübt, wieder und wieder, soweit das Gedächtnis des Abendlandes reicht… Den Juden ist häufiger und krasser die Rolle des *Ecce homo* zugefallen, aufgedrängt worden, als anderen."

Ihr aber, die im Exil zur Dichterin wurde, die

das Exil vielleicht erst zur Dichterin machte, wurde „das Gnadengeschenk des kreativen Worts" zuteil. Denn, so sagt Hilde Domin: „Exil erhöht den Ausdruckswunsch. Der hart gepreßte Mensch muss sich befreien. Er befreit sich durch Sprache."

In dem oben genannten Brief an Nelly Sachs schreibt Hilde Domin dazu: „Da wird einer verstoßen und verfolgt, ausgeschlossen von einer Gemeinschaft, und in der Verzweiflung ergreift er das Wort und erneuert es, macht das Wort lebendig, das Wort, das zugleich das seine ist und das der Verfolger. Der vorm Rassenhaß Flüchtende ist nur der Unglücklichste, der am meisten Verneinte unter den Exildichtern überhaupt. Und während er noch flieht und verfolgt wird, vielleicht sogar umgebracht, rüstet sich sein Wort schon für den Rückweg, um einzuziehen in das Lebenszentrum der Verfolger, ihre Sprache. Und so erwirbt er ein unverlierbareres Bürgerrecht, als wenn er friedlich hätte zu Hause bleiben dürfen und vielleicht sein Wort nicht diese Kraft einer äußersten Erfahrung hätte, die es so stark macht."

Diese „äußerste Erfahrung" der Flucht führte Hilde Domin und ihren Mann im März 1939 über Paris nach England. Hier nun konnten sie nach sieben Jahren ihre Eltern wieder sehen. In allem Leid des Verfolgtwerdens war diese Wiederbegegnung sicher eine große Freude. Sogleich übernahmen die Eltern die Fürsorge für die Kinder, obwohl sie doch selbst in sehr eingeschränkten Verhältnissen leben mussten. Der Vater hatte für sie ein helles und großes Zimmer gemietet. Und um ihnen den Kummer über den Abschied aus dem geliebten Italien zu nehmen, schickten die Eltern sie in die National Gallery, damit sie sich dort italienische Bilder ansehen konnten.

Der Vater war so korrekt und zuverlässig wie immer. Aber er litt darunter, dass er nicht arbeiten konnte und sich unnütz vorkam. Dennoch beklagte er sich nicht, bemühte sich vielmehr, den Anweisungen der deutschen Emigrantenverwaltung Folge zu leisten. „Auf der Straße sprach er nur englisch", erzählt mir Hilde Domin, „und er bemühte sich um eine möglichst fehlerfreie Sprache, obwohl es ihm schwer fiel. Auch bei gutem Wetter ging er mit Regenschirm aus, mit der Spitze nach vorne, wie es vorgeschrieben war. Er stellte sich selbstverständlich an die Schlange beim Autobus und verschickte Postkarten, anstatt zu telefonieren."

In England lebten Hilde Domin und ihr Mann dreisprachig. Deutsch sprachen sie mit den Eltern, italienisch unterhielten sie sich untereinander – es kam sozusagen einer Geheimsprache gleich – und englisch auf der Straße und bei Einladungen, die wegen der missverständlichen englischen Floskeln oft zu einem heiklen Parcours wurden. „I hope to see you again", bedeutete nämlich keinesfalls, dass der Gastgeber sich auf einen weiteren Besuch freue, sondern dass im Gegenteil irgendwelche unverzeihlichen Formfehler gemacht worden waren. Nirgendwo außer in England hat sich Hilde Domin daher dermaßen in ein Sprachkorsett gezwungen gefühlt.

Mit Ausbruch des Krieges am 1. September 1939 wurden die in England lebenden Exilanten, die man damals Emigranten nannte, in drei Gruppen aufgeteilt. „Die Gruppe A war für die Engländer unzuverlässig und kam in Lager, wurde interniert. Die

Gruppe B musste sich bei der Polizei melden. Und die Gruppe C, das war unsereiner, wir bekamen einen Ausweis ›refugee from Nazi-oppression‹. Damit konnte man sich frei bewegen wie ein Engländer", erzählt Hilde Domin und fährt fort, „das heißt, man musste sich bewegen wie ein Engländer. Wir sollten uns komplett verhalten wie Engländer. Nie zuerst fragen, sondern warten, bis man gefragt wurde, auch bei schönem Wetter mit dem Regenschirm ausgehen, und so weiter. Man erwartete das einfach von uns in dieser schwierigen Situation, da die Deutschen doch an sich eine Feindnation waren."

Nach Kriegsbeginn wurde Hilde Domin Sprachlehrerin für Diplomatenkinder am St. Aldwyn's College in Minehead. Sie unterrichtete dort in Somerset am Bristol Channel in englischer Sprache Französisch und Italienisch. Nachdem sie nach ihrer Ankunft in England – jeweils kurz nur – zunächst in möblierten Zimmern in London und Oxford gewohnt hatten, konnten sie jetzt, gemeinsam mit den Eltern, in Minehead ein Haus beziehen. Die Eltern bewohnten zwei Zimmer unten, Hilde und Erwin Palm zwei Zimmer oben. Nun konnten sie auch endlich ihre Bücher, die in Kisten verpackt aus Italien gekommen waren, wieder auspacken. Weil die Treppe ins Obergeschoss sehr steil und eng war, transportierten sie sie, eine Kette bildend, zu viert nach oben. Zu den mitgebrachten Büchern sollten sich bald neu hinzugekaufte englische Bücher gesellen.

Hier in diesem milden Klima konnten sie sich vorstellen, eine Weile zu bleiben. Sie pflanzten im Garten – aus Heimweh nach dem römischen Glyzinienbaum – Glyzinienstöcke und Pflanzen und Blumen, die sie aus den Wäldern mitbrachten. Hilde und Erwin Palm wollten, wenn sie schon Deutschland hatten verlassen müssen, nie aus Europa weggehen. „Wir haben uns deshalb auch nicht um ein Visum für Amerika bemüht. Meine Eltern hatten es getan. Mein Bruder lebte ja dort. Und das war ihr Glück. Sie durften dann nach Amerika ausreisen", erzählt mir Hilde Domin.

Mit wachsendem Kriegsdruck und der Furcht vor einer Invasion der Nazis in England wurden die einmal gewährten Freiheiten für die Flüchtlinge der Naziverfolgung nach und nach wieder rückgängig gemacht. Immer befand man sich in der Situation, dass man als Spitzel verdächtigt und verhaftet werden konnte.

Wieder einmal die Gefahr vorausahnend, entschlossen sich die Palms – gerade noch rechtzeitig – England zu verlassen. Das war im Sommer 1940. Ihr drittes und letztes Exilland wurde die Dominikanische Republik.

Die Eltern teilten mit ihnen ihr letztes Geld, damit sie die Überfahrt bezahlen konnten. Nur ein halbes Jahr, nachdem sie ihre Bücher ausgepackt hatten, packten sie sie wieder in Kisten und lagerten sie in der Garage ein. Es war das letzte Mal, dass Hilde ihre Eltern sah.

Am Tag ihrer Abfahrt nach Südamerika wurde der Vater verhaftet und kam in ein Lager. Er musste im Freien schlafen und wurde erst freigelassen, als sein Visum für Amerika kam. Die Eltern gingen nach New York. Doch der Vater, geschwächt durch die Strapazen und Demütigungen während der Jahre der Verfolgung, wurde bald schon krank und starb ein Jahr später in einem New Yorker Krankenhaus. Noch in seinen letzten Lebenswochen hatte er, fürsorglich wie er sein ganzes Leben lang gewesen war, für seinen Schwiegersohn aus der Public Library bibliographische Angaben für eine wissenschaftliche Arbeit herausgeschrieben. Als der Brief die Palms erreichte, war er bereits tot.

England, das als relativ sicheres Exilland für Flüchtlinge vor den Nazis gegolten hatte, erwies sich 1940 als eine weitere Station der „permanenten Flucht". Die Gefährdung war so groß, dass englische Ärzte den von Hitler Bedrohten Veronal gaben, damit sie sich notfalls das Leben nehmen könnten, um nicht in die Hände ihrer Häscher zu fallen und in ein KZ gesteckt zu werden mit den Folgen, die nur allzu bekannt sind. Auch die Palms trugen das Veronal immer bei sich, eine abscheuliche Lage, die sie ihre Bemühungen, ein neues Exilland zu finden, intensivieren ließen.

Hilde Palm ging damals von Botschaft zu Botschaft, um ein Visum zu bekommen. Doch die meisten Länder von Südamerika kamen nicht in Frage, da sie entweder nur Techniker und Ingenieure, aber keine Geisteswissenschaftler gebrauchen konnten oder man viele tausend Dollar mitbringen musste, die sie nicht besaßen.

Wiederum hatten sie Glück im Unglück. Hilde Domin erzählt: „Ich hatte mich mit dem Vizekonsul der Dominikanischen Republik angefreundet. Er war Schriftsteller. Von ihm erfuhr ich, dass sein Land keine derartigen Einschränkungen für Einwanderer mache. Und so bekamen wir durch diese persönliche Freundschaft das Visum für die Dominikanische Republik, von der ich damals überhaupt nichts wusste, außer dem, was man im Lexikon darüber nachlesen konnte."

Im Juni 1940 verließen die Palms im untersten Deck eines kleinen Dampfers der „Cunard White Star Line" England. Es war wieder einmal buchstäblich in letzter Stunde. Am frühen Morgen kam die englische Polizei, um die Männer der Familie zu verhaften. Sicher wäre Erwin Palm auch abgeholt worden. Nur wäre er wahrscheinlich nicht wieder freigekommen, weil er nicht – wie Hildes Vater –auf der Warteliste für die USA stand. Die Palms hatten sich ja wider alle Vernunft nicht eintragen lassen, hartnäckige Europäer, die sie waren. Sie waren erst eine Stunde an Bord, als das geschah.

In Erinnerung an den Vater sagt Hilde Domin: „Es ist sicher leichter, an einen Vater zu denken, der verfolgt und dessen Leben zerstört wurde, als an einen, der Verfolger war. Oder der zusah, oder auch wegsah, als andere verfolgt wurden. Der Verfolgte hat, bei allem Leid, dies eine voraus: Er ist dispensiert vom Dilemma der Verantwortung. *Seine* Wehrlosigkeit ist eine totale."

Wie auch zuvor bereiteten sich Hilde und Erwin lesend auf das neue Exilland vor. Die Eltern hatten ihnen Bücher auf Spanisch mitgegeben, von spanischen Dichtern, eine englisch-spanische Grammatik und einen Band „Brush up your Spanish".

Die Überfahrt in die Dominikanische Republik dauerte ungefähr sechs Wochen und war nicht ungefährlich. Ein Schwesterschiff der kanadischen Linie, die sie zuerst nach Kanada brachte, wurde versenkt.

Von Kanada ging es weiter nach Jamaika. Und auch dabei gerieten sie noch einmal in Lebensgefahr. In ihrem Pass war ein Vermerk „for transshipment only". Von dem Polizeioffizier wurde das so verstanden, dass sie in Jamaika keinen Fuß an Land setzen durften, also auf dem Wasser umsteigen mussten, wenn sie wie vorgesehen weiter nach Kuba und von dort nach Santo Domingo wollten. Rund um die Uhr auf einem Munitionsschiff von Polizisten mit Gummiknüppeln bewacht, sahen sie einer ungewissen Zukunft entgegen.

Dieses Gefühl, nicht landen zu dürfen, hat Hilde Domin später dichterisch verarbeitet in dem Gedicht „Graue Zeiten":

*Menschen wie wir wir unter ihnen*
*fuhren auf Schiffen hin und her*
*und konnten nirgends landen*

*Menschen wie wir wir unter ihnen*
*durften nicht bleiben*
*und konnten nicht gehen...*

*Menschen wie wir wir unter ihnen*
*standen an fremden Küsten*
*um Verzeihung bittend daß es uns gab...*

Und noch einmal kam Rettung in letzter Minute, weshalb Hilde Domin immer wieder betont, dass sie in allem Unglück doch auch immer wieder Glück gehabt habe. Ein Bote des Gouverneurs von Jamaika kam und veranlasste, dass sie die Insel betreten durften.

„Ein kleines Wasserflugzeug brachte uns in die Dominikanische Republik", erzählt mir Hilde Domin über ihre Ankunft in Santo Domingo. „Wir waren sechs oder sieben Passagiere an Bord, aber wir waren die Einzigen, die dort ausstiegen, auf dem Wasser, an einem Landesteg aus Holz, der mitten in ein Zuckerrohrfeld führte. Wir hatten nur wenig Gepäck. Das meiste war ja in England geblieben und kam erst später nach. Und da standen wir nun in einem Zuckerrohrfeld, die Zuckerrohre waren größer als wir selbst."

Natürlich war niemand da, der sie erwartete und in Empfang nahm. Aber immerhin, am äußersten Rande hatten sie landen dürfen. Sie waren angelangt, sozusagen am Ende der Welt, dem äußersten Punkt ihrer Fluchten vor Hitler.

*Landen dürfen*

*Ich nannte mich*
*ich selber rief mich*
*mit dem Namen einer Insel.*

*Es ist der Name eines Sonntags*
*einer geträumten Insel. ...*

*Sie war eine Küste*
*etwas zum Landen...*

*Nennen Sie sich, sagte einer*
*als ich in Europa an Land ging,*
*mit dem Namen Ihrer Insel.*

Zwischen dem Landen auf der Zufluchtsinsel und dem in Europa sollten zwölf Jahre vergehen.

Da standen die beiden jungen Menschen also inmitten eines Zuckerrohrfeldes mit ihrem kleinen Gepäck und wussten nicht wohin. „Und da kam plötzlich jemand mit dem Auto angefahren, der etwas abholen wollte vom Flugzeug", erzählt Hilde Domin weiter. „Er nahm uns mit in die Hauptstadt, die damals ›Ciudad Trujillo‹ hieß nach dem Diktator Trujillo, der das Land regierte. Heute heißt sie wieder Santo Domingo, natürlich."

Über diesen Diktator hatten sie wenig Vertraueneinflößendes gehört. Aber immerhin. Er nahm spanische Republikaner und Kommunisten und Verfolgte des Hitlerregimes auf, obwohl er als Freund Hitlers galt. Und er verlangte keine hohen Geldbeträge von den Flüchtlingen. Auch sortierte er die Asylsuchenden nicht nach verwendbaren Berufen aus. Er hoffte, mit den Ankömmlingen aus Europa sein Land „aufzuweißen" und ein vernünftiges Bildungssystem aufzubauen. So verdankten ihm viele Flüchtlinge ihr Leben. Die Situation war durchaus ambivalent. „Man konnte dem Diktator nicht dankbar sein, man konnte ihm nicht nicht dankbar sein, er war ein furchterregender Lebensretter", beschreibt Hilde Domin dieses Gefühl.

Einmal angekommen in einer neuen, für sie fremden Wirklichkeit, nahmen sie beherzt ihr Schicksal in die Hand. Das Leben insgesamt war völlig anders, als sie es von Europa gewohnt waren. Allein das tropische Klima erforderte eine enorme Umgewöhnung. In ihrem kleinen Mietshaus hatten sie weder einen elektrischen Kühlschrank – das Eis wurde in

Blöcken geliefert und in Säcke gewickelt – noch eine Waschmaschine. Gekocht wurde weder elektrisch noch mit Gas, sondern auf der offenen Flamme eines Kohlefeuers, das in einer Kochkiste aus Aluminium brannte. Die Wäsche wurde im Hof auf Holzfeuer in einem alten Fünf-Liter-Benzinkanister gekocht und mit Stöcken umgerührt. Alles war also sehr einfach, beinahe archaisch und unterschied sich nicht viel von den Lebensgewohnheiten der dominikanischen Bevölkerung.

Natürlich war auch die Vegetation eine ganz andere. Es gibt dort kaum Laubbäume wie in Europa. Das vermisste Hilde Palm besonders. Für die glatte Oberfläche der Bananenblätter zum Beispiel konnte sie nie Begeisterung aufbringen. Und doch hatten die Abende im Freien auf der Terrasse durchaus auch etwas Schönes. Hilde erinnert sich noch an den dreißigsten Geburtstag ihres Mannes im August 1940. Da waren sie gerade in Santo Domingo angekommen. Sie saßen in ihrem kleinen kahlen Hof unter einem rot blühenden Flamboyant, und Erwin, Gedichte von Rafael Alberti lesend und vorlesend, sagte plötzlich: „Hier bewege ich mich nicht fort, unter diesem Baum bleibe ich." Solch ein Satz lässt erkennen, was für ein Zentnergewicht von ihnen genommen war nach ihrer jahrelang andauernden Flucht. Und tatsächlich begannen die Palms recht bald schon ein fast normales Leben zu führen.

Erwin Walter Palm erhielt schon wenige Monate nach der Ankunft eine Professur an der Universität von Santo Domingo. Er hatte nämlich sehr schnell damit begonnen, sich mit den spanischen Baudenkmälern aus der Kolonialzeit zu befassen und dabei entdeckt, dass viele von ihnen nach dem alten römischen Haustyp des Atriumhauses gebaut waren. Palm konnte also erfreulicherweise bei seinen römischen Studienergebnissen wieder anknüpfen. Da sich bisher noch kein Wissenschaftler mit der Architekturgeschichte der dominikanischen Republik befasst hatte, war es nicht verwunderlich, dass Palm und seinen Studien sehr schnell die Türen offen standen.

Seine erste Veröffentlichung „Das Atrium-Haus in der Neuen Welt" wurde mit Interesse aufgenommen. Und schon bald hatte Palm in ganz Lateinamerika einen Namen als Pionier in ibero-amerikanischer Architektur- und Kulturgeschichte, was im Laufe der Jahre viele Einladungen an Universitäten und zu verschiedenen Kongressen in ganz Südamerika, später auch in den Vereinigten Staaten und Europa zur Folge hatte und ihm letzten Endes einen eigens geschaffenen Lehrstuhl an der Universität Heidelberg verschaffte. Aber ich greife weit voraus. Denn Letzteres fand erst im Wintersemester 1960/61 statt und besiegelte die endgültige Rückkehr der Palms nach Deutschland.

Obwohl Erwin Walter Palm also in Santo Domingo eine Lehrtätigkeit an der Universität ausüben konnte, war ihre finanzielle Lage bedrängt. Die Vorlesungen wurden stundenweise bezahlt und nicht sehr gut. So waren sie froh, wenn sie ab und zu von amerikanischen Verwandten ein Kuvert mit zehn Dollar geschickt bekamen, die ihnen etwas über die Runden halfen.

Und was machte Hilde Palm in dieser Zeit? Auch hier stellte sie eigene Pläne zurück und half ihrem

Mann als Mitarbeiterin. Ohne ihre tatkräftige Hilfe hätte er seinen Beruf gar nicht in dem Maße ausüben können. Hilde Palm tippte alle seine Manuskripte und korrigierte die spanischen und englischen Fassungen seiner Arbeiten und Vorlesungen.

Anfangs war der Zeitaufwand für die Übersetzung der Vorlesungen ins Spanische enorm. Jede Vorlesungsstunde musste schriftlich vorbereitet werden. Eine Stunde Sprechen kostete ein Vielfaches an Vorbereitungszeit. Doch blieben die Palms auch hier nicht ohne Hilfe. Sie verkehrten sehr bald schon mit spanischen Intellektuellen, die bereit waren, mit Hilde Palm gemeinsam die Arbeiten ihres Mannes sprachlich durchzuarbeiten, bis sie selbst immer perfekter im Spanischen wurde und es dieser Hilfe nicht mehr bedurfte.

Bald schon ließ sie sich zur Fotografin ausbilden. Sie konnte nun auch die nötigen Architekturaufnahmen machen, sie entwickeln und abziehen, die ihr Mann für bebilderte Aufsätze und später für seine Bücher benutzte. Beim Erlernen des Fotografierens war ihr ein Passfotograf behilflich. Überhaupt war die Hilfsbereitschaft der Dominikaner sehr groß.

Man kann sich gut vorstellen, dass die junge lebhafte Hilde Palm mit ihrer Offenheit, die stets auf den anderen zugeht, sehr schnell Freundschaften unter den Intellektuellen fand. Viele von ihnen waren Exilspanier, aber auch Südamerikaner oder stammten aus anderen Ländern: Dichter, Musiker, Künstler und Wissenschaftler. Und was die Beziehung zur einheimischen Bevölkerung anging, so hätten sie keine freundlichere Aufnahme, Hilfsbereitschaft und Freundschaft erfahren können.

Es war auf dieser Insel im blauen Pazifik, wo die Palms zum ersten Mal das vorsichtige Gefühl hatten, dass sie nicht mehr unmittelbar verfolgt waren. Sie hatten eine Zuflucht gefunden „am Rande, wo man nicht weiter weglaufen kann, so weit ist man schon gelaufen" und wo sie nun abwarteten, „ob man weiterleben darf. Ob die Welt wieder aufgeht."

Ambivalent war denn auch das Gefühl zum Gastland. „Wir liebten das Land, in dem wir gefangen waren, was die Unbehaglichkeit nie verliert. Wir verzweifelten dauernd."

In dem Gedicht „Apfelbaum und Olive", dem ersten, das Hilde Domin nach ihrer Rückkehr nach Deutschland schrieb, hat sie dieser Gastfreundschaft ein poetisches Denkmal gesetzt.

*Ein Trost ist, zu wissen*
*wo die Tassen stehn und die Teller*
*in dem Haus, in dem du zu Gast bist,*
*und einen Anteil zu haben*
*an der Zärtlichkeit von Katze und Hund*
*deines Freunds...*

*...und in fernen Ländern*
*schiebt man dir einen Stuhl an den Tisch,*
*an der Seite der Hausfrau,*
*und jedes gibt dir von seinem Teller*
*wenn die Schüssel schon leer ist,*
*als habe ein Kind sich verspätet...*
*Und die dunkeln Mangobäume*
*und die Kastanien*
*wachsen Seite an Seite*
*in deinem Herzen...*

Die Menschen, die sie – die Flüchtlinge, die Passlosen – so selbstverständlich und herzlich aufnahmen, wurden im Laufe der Jahre tatsächlich so etwas wie eine zweite Familie für sie. „In diesem Hause, wo… wir mit einem Plattenspieler und mit unseren Büchern, Tieren und Freunden lebten und überlebten, da öffnete sich die Welt auf viele Weisen für uns. Materielle und immaterielle", schrieb Hilde Domin in ihrem Bericht „Meine Wohnungen – ›Mis moradas‹". Und bekräftigt das, was sie dort erfuhr: „Und nie, in keinem Falle, wurde man von Freunden im Stich gelassen, sondern getröstet, verteidigt, als sei man dort geboren und gehöre dazu."

Schwierig war es dennoch, im Exilland seine eigene Identität zu bewahren, da natürlich ein hohes Maß an Anpassung von ihnen erwartet wurde. So war es einmal mehr die Sprache – die deutsche Sprache, in der Hilde und Erwin Palm miteinander sprachen, die identitätsstiftend für sie war. Das Sprechen in der eigenen, der deutschen Sprache in der Fremde war für sie auch ein Stück Heimat. Die deutsche Sprache war sozusagen ihr Zuhause. Auch lernten sie gerade durch die Beschäftigung mit anderen Sprachen die eigene in ihrer Bedeutungstiefe noch besser kennen.

Das zweite Haus, das die Palms in Santo Domingo bezogen und in dem sie zehn Jahre lang bis zu ihrer Abreise von der Insel lebten, war ein Haus im Kolonialstil, rundum von Terrassen umgeben, auf denen sie den Tag begannen in Gesellschaft ihrer Kaninchen und Katzen. Nur wenige hundert Meter hinterm Haus lag das karibische Meer. Hilde Palm konnte im Badeanzug aus dem Haus zum Schwimmen gehen. Einheimische warnten sie vor Haien, die es dort reichlich gibt. Aber nie ist sie einem Hai begegnet, nur Pelikanen und anderen freundlichen Tieren wie Schildkröten und Eidechsen.

Die Tage verbrachte sie im Haus bei geschlossenen Fensterläden, tippte oft sogar im Badezimmer, weil es zu heiß war. Mit dem Entwickeln der Fotos musste sie bis zum späten Abend warten, da sonst das Wasser nicht kühl genug war. Hilde Domin bewohnte mit ihrem Mann in der oberen Etage drei Zimmer, die untere Wohnung hatten sie vermietet. Die Abende verbrachten sie wiederum auf der Terrasse, allein oder mit Freunden und illustren Gästen wie zum Beispiel André Breton, der sie mehrmals besuchte oder dem Schriftsteller Emil Ludwig. Er war bekannt durch seine Biographien bedeutender Persönlichkeiten. Hilde Palm, vorzügliche Gastgeberin, die sie auch heute noch ist, bewirtete ihre Gäste mit Ananastorte, die, wie sie erzählt, berühmt war, und kaltem Tee mit dominikanischen Rum. Emil Ludwig war aus den USA nach Santo Domingo gekommen, weil er eine Biographie über Trujillo schreiben sollte. Die Palms waren ihm als offizielle Begleitung zugeordnet. Ludwig war Staatsgast der dominikanischen Regierung. Als er dann die Insel verließ, ohne sich für eine Biografie über Trujillo entschieden zu haben, war das auch für die Palms heikel. Denn der Diktator spaßte nicht, wenn er erfuhr, dass jemand Negatives über ihn sagte oder verbreitete. So wie es dem ehemaligen Rektor der Universität ging, der durch eine missliebige Äußerung in Ungnade fiel und den fortan alle schnitten. Außer die Palms. Auch zu einem Historiker, mit dem Palm zusammenarbeitete, hielten sie weiter Kontakt, obwohl es streng untersagt war. Was sie selbst in Italien erlebt hatten, dass deutsche Freunde an ihnen vorbeigingen und sie nicht grüßten, das – so hatten sie sich damals vorgenommen – wollten sie nie tun. Sie besuchten oder empfingen weiter Freunde, die im diktatorischen Regime in Ungnade gefallen waren. Eine Hecke aus Agaven und Kakteen schützte sie vor den neugierigen Blicken der Polizei, obwohl natürlich die Überwachung so perfekt war, dass diese Besuche nicht unbemerkt blieben. Dennoch ist Hilde und ihrem Mann nie etwas passiert. Die Widerständigkeit, die sie damals praktizierten, wurde zu einem der wichtigsten Postulate der Dichterin Hilde Domin: Zivilcourage.

Hilde Domin sagt von sich: „Ich bin als ein Mensch des Dennoch bekannt, einer, der gegen den Strom schwimmt, der sich vor fahrende Züge wirft, als könne er sie aufhalten – und der es im Ernst schwer findet, sich nicht zwischen die Stühle zu setzen."

So vergingen die Jahre auf der Insel, auf der sie gestrandet waren und auf der sie nur über das Radio oder Briefe mit der Außenwelt verbunden waren, und über Besucher, die neue Nachrichten mitbrachten. Lange Zeit waren es keine guten Nachrichten.

Erwin Walter Palm arbeitete weiter an der Universität und wurde auf Grund seiner Beschäftigung mit lateinamerikanischen Baudenkmälern als Berater in eine Kommission für Denkmalpflege berufen. Er wirkte mit am Entwurf für das erste Denkmalschutzgesetz in der Dominikanischen Republik. Hilde Palm war weiterhin seine Mitarbeiterin.

Ansonsten muss man sich das Leben dort sehr viel anders vorstellen, als es in Europa verlaufen wäre. Schon allein das Klima mit seiner enormen Luftfeuchtigkeit, dem regelmäßigen Auftreten von Zyklonen und – seltener – Erdbeben, stellte hohe Anforderungen. Drohte beispielsweise ein Zyklon, verpackten Hilde und ihr Mann in den ersten Jahren ihre vielen tausend Bücher in den Überseekisten, in denen sie in Santo Domingo angekommen waren, damit sie nicht Schaden litten, falls das Dach vom Sturm abgehoben würde. Die Fenster und Türen mussten zum Schutz vor Zyklonen mit Balken verbarrikadiert werden. Tropische Mauerwespen bauten klebrige Nester, mit Vorliebe in ihre wertvollen Bücher. Und manchmal, wenn man nach einem Buch im Regal griff, schaute eine Schlange dahinter hervor. Termiten und Ameisen fraßen sich in kleinen gewellten Gängen durch so manches Buch. „Termiten und Ameisen erziehen zur Ordnung", erzählt Hilde Domin. „Wenn man sich jede Woche einmal auf den Boden legt und unter die Regale guckt, auch ihre Füße mit dem streicht, was die Franzosen ›Schweinfurter Grün‹ und die Deutschen ›Pariser Grün‹ nennen, dann fressen sie nur die Bettlaken, weil man da nicht aufgepasst hat."

Ihre Einrichtung hatten sie sich einfach und im landestypischen Stil zusammengestellt. Die Möbel wurden von spanischen Schreinern aus Mahagoniholz angefertigt. Die Stühle im Esszimmer und die Schaukelstühle auf der Terrasse hatten Sitze aus geflochtenem Sisal. Damals schufen die Palms einen Wohnstil, dem sie auch später, als sie in Deutschland wieder ein richtiges Zuhause gefunden hatten, treu geblieben sind. Bereits als Studenten hatten sie keine festen Wohnungen. Fluchtwohnungen, von Italien über England bis an den äußersten Fluchtpunkt, das tropische Santo Domingo, prägten ihr Wohnmodell, das Hilde Domin beibehalten hat, auch wenn sie nun so etwas wie eine Sesshafte geworden ist.

So sind in ihrer Heidelberger Wohnung nirgendwo wuchtige ausladende Möbelstücke zu finden. Polstermöbel fehlen gänzlich. Die beiden Arbeitszimmer, das ihre und das ihres verstorbenen Mannes, sind nur mit dem Notwendigsten eingerichtet: ein Schreibtisch, ein Stuhl, ein Bett und Regale mit Büchern. Ja, wären da nicht auch im Wohnzimmer die wandhohen Regale voller Bücher, zum Teil kostbare, in Leder gebundene alte Werke, könnte man meinen, hier hätte sich einer provisorisch eingerichtet. Statt Plüsch- und Ledergarnituren fast zerbrechlich wirkende Gartenmöbel, wie sie im Süden auf einer sonnigen Terrasse stehen könnten. Hier kredenzt sie ihren Besuchern Wein oder Tee, Kuchen oder andere Speisen. Immer ist sie eine überaus aufmerksame Gastgeberin. Als ich einmal bemerkte, dass ich es bewundernswert fände, wie sie sich so ganz allein versorge (immerhin sind die Geschäfte eine halbe Stunde Fußweg von ihrer Wohnung entfernt – und Hilde Domin fährt kein Auto), wies sie die Bewunderung halb entrüstet, halb belustigt von sich: „Warum denn nicht! Das ist doch nichts Besonderes!"

Wichtig war in jenen Jahren im Exil vor allem die Zweisamkeit. Denn, so sagt Hilde Domin: „Zu zweit ist man beschützter." Und so standen sie auch alle Schwierigkeiten gemeinsam durch. Sie lebten ja von der Hand in den Mund, hatten keinerlei finanzielle Rücklagen, weder Kranken- noch Sozialversicherung und bis zum Kriegsende auch kein festes Gehalt, auf das sie rechnen konnten. Feste Monatsgehälter wurden erst nach dem Krieg eingeführt. Und sie besaßen nach wie vor keinen Pass. Erwin Walter Palm erhielt, weil er mehr und mehr Bekanntheit durch seine wissenschaftlichen Forschungen erlangte, von der Regierung Trujillo einen Ersatzpass, um den Einladungen ins Ausland folgen zu können. Er wurde darin als Vertreter der Universität von Santo Domingo ausgewiesen. Diese Ausweispapiere wurden für jede Reise neu ausgestellt. Einmal stand darin als Geburtsort „Frankfurt in der Dominikanischen Republik". Offenbar hat niemand Anstoß an dieser unmöglichen Verquickung zweier Länder genommen.

Einen einzigen Luxus in ihrem ansonsten sehr einfachen und bescheidenen Leben haben sie sich geleistet: einen Plattenspieler, der in der Anschaffung damals sündhaft teuer war. Hilde Domin erzählt: „Ich hatte ihn gekauft, auf die Zusage vieler Freunde, dass wir ihre Platten spielen dürften. Bis zu unserer Abreise dort haben wir nie auch nur eine einzige Platte besessen." Von Freunden, die ins Ausland reisen durften – oft Diplomaten oder Minister – wurden spezielle Musikwünsche erfüllt, die aber nicht in ihren Privatbesitz übergingen, sondern dem Aufbau einer Diskothek an der Universität dienten. Und zusätzlich machten sie Gebrauch von der Plattensammlung des British Council. „Der Standard war damals ungemein hoch, und wir feierten Musikorgien, die uns für Konzerte nahezu verdarben."

Die Palms waren ja beide noch jung. Sie hielten

nichts davon, zu jammern und zu wehklagen über ihre Situation. Sie beschlossen, das Neue, das sich ihnen bot, kennen zu lernen, indem sie sich mit der Kultur ihres Exillandes befassten. Erwin Walter Palm fing an, sich für spanische und ibero-amerikanische Lyrik zu interessieren und Gedichte aus dem Spanischen ins Deutsche zu übersetzen. Aus reiner Freude am Umgang und an der Arbeit mit der fremden und der eigenen Sprache. Er lernte im Laufe der nächsten Jahre auch fast alle Dichter persönlich kennen, die er übersetzt hatte. Die Übersetzungen, die er zum privaten Gebrauch, nur für sie beide, gemacht hatte, wurden dann, als sie nach Deutschland zurückkehrten, unter dem Titel „Rose aus Asche" im Jahre 1955 bei Piper veröffentlicht und zu einem vielbeachteten und vielgelesenen Gedichtband. In dieser Zeit hatten die Deutschen einen großen Nachholbedarf, was Gedichte aus der fernen Welt betraf, die ihnen so lange vorenthalten worden war.

Erwin Walter Palm schrieb in seinem Nachwort zur ersten Ausgabe von „Rose aus Asche": „Die Gedichte sind für Hilde ins Deutsche übertragen worden, als die Sprache unsere einzige Heimat war. Ihr gebührt der Dank. Ihre Unbestechlichkeit war die feinste Waage für die Worte."

„Erwin war ein Poet", sagt Hilde Domin zu mir, als ich sie zur Entstehung dieser Anthologie befrage. „Er hat Gedichte immer geliebt." Die Auswahl der von Erwin Palm übersetzten Gedichte von Dichtern wie Gabriela Mistral, Rafael Alberti, Federico Garcia Lorca, Juan Ramón Jiménez, Vicente Aleixandre und vielen anderen ist eine, wie Palm in seinem Nachwort betont, sehr persönliche. Er übersetzte das, wie er schreibt, „was mich an der fremden Sprache so angesprochen hat, dass ich versuchen musste, ob und wie es in der eignen klingt."

Mir scheint darüber hinaus, dass es Liebeserklärungen an seine Frau sind, handelt es sich doch in der Mehrzahl um Liebesgedichte, die er in den Band aufnahm. Als Beispiel möchte ich das titelgebende Gedicht zitieren:

*Drei Rosen*

Von Alberto Baeza Flores

*Ach, dieser ganze schöne Leib*
*aus Ewigkeit und Traum,*
*schöne leuchtende Insel,*
*muß fallen, fallen hin zur Rose.*
*Kurzer Tag, das Licht hoch, Zeit im Vergehn.*
*Fallen so wie die Rose die nach Tau*
*duftet, selig, für einen Tag*
*Und dann…*
*Rose im Herbst, du, meine Freundin.*
*Du, Winterrose, meine Taube.*
*Rose aus Asche du, Geliebte.*

Man kann sich gut vorstellen, dass das lebendige Zwiegespräch über Gedichte Erwin und Hilde Palm über die fehlende Heimat hinweghalf.

Und sie hatten natürlich ihre vielen Bücher, die noch aus Deutschland mitgewandert waren ins Exil. Goethe, Heine, Rilke, Hesse und viele andere Autoren, durch die ihnen die deutsche Heimat immer nahe blieb. Als Hildes Mutter 1947 gerade von Amerika nach Deutschland zurückgekehrt war, schickte sie ihnen das Buch „Abgelegene Gehöfte" von Günter Eich. So bekamen sie auch Anschluss an die neueren deutschen Autoren.

Auf jeden Fall war für sie beide die Beschäftigung mit Sprache, sei es die eigene oder die des Gastlandes, Hilfe und Trost. Sie stellten sich den Sprachherausforderungen und entwickelten, gerade indem sie in beiden Sprachen ihr Bestes zu geben versuchten, eine große Sensibilität für die Feinheiten, die Bedeutungsschwergewichte jedes einzelnen Wortes in der jeweiligen Sprache. Und über Diskussionen dieser Spracherfahrungen gewannen sie neue Freunde, was von großer Bedeutung war, hatten sie doch ihre Familie und Freunde zurücklassen müssen. Diese neuen Freunde waren „ein großes Positivum, eine neue Gemeinsamkeit inmitten so vieler Beraubungen. Es entstanden Inseln der Freiheit, inmitten der Kondition der Unfreiwilligkeit", schreibt Hilde Domin in ihrem Aufsatz über „Die Paradoxien des Exils".


So gingen die Jahre dahin. Man befand sich in einer eigenartigen Zeitlosigkeit im Exil. Das Zeitgefühl war nicht mehr vorhanden, wie es in der Heimat vorhanden gewesen wäre. Dieser Zustand hatte etwas zu tun mit einer gewissen Zeitverleugnung, einer „inneren Emigration". Bezeichnend dafür war auch der Tatbestand, dass selbst Exilanten, die an Politik interessiert waren, sich nicht mehr mit politischen Fragen beschäftigten. Für die Politik des Gastlandes konnten sie schon deshalb kaum ein verantwortungsvolles Bewusstsein aufbringen, da ihnen jede Form einer Einmischung untersagt war. Hätten sie es doch getan, hätten sie nicht nur sich selbst, sondern immer auch andere Leidensgenossen mitgefährdet. „Der Exilierte ist aus dem Rennen genommen. Hoffnung und Angst beziehen sich weiter auf das eigene Land."

Dann, eines Tages schrillten alle Sirenen der Stadt. Sie verkündeten das Kriegsende. „Das war sie also, die große, die lang ersehnte Nachricht. Ich fühlte nichts ... wie es geht, wenn das Erwartete da ist und die Spannung uns loslässt: Man wird einen Augenblick lang aufgehoben aus dem Zusammenhang, gehisst ins Nichtwirkliche. Dann wird man fallen gelassen in irgendeine Tiefe, von der man erst langsam wieder an die Oberfläche zurückkommt. Das Gefühl setzt aus."

So beschreibt Hilde Domin diesen Moment, in dem die Jahre der Verfolgung ein Ende hatten. Zuerst war da ein Gefühl der Unwirklichkeit. Dreizehn Jahre waren vergangen seit ihrem Aufbruch ins Exil. Und das Gefühl der Unfreiheit, des ständigen Gejagtwerdens hatte sich so tief ins Unterbewusste eingegraben, dass es einiger Zeit bedurfte, der Beständigkeit dieser neuen Wirklichkeit zu vertrauen. Es war noch sehr viel Staunen da.

Im Gedicht „Wen es trifft" artikulierte Hilde Domin einige Jahre später diese Erfahrung:

...
*Manchmal jedoch*
*wenn er Glück hat,*
*aber durch kein kennbares*
*Verdienst,*
*so wie er nicht ausgesetzt ist*
*für eine wißbare Schuld,*

*sondern ganz einfach weil er zur Hand war,*
*wird er*
*von der unbekannten*
*allmächtigen Instanz*
*begnadigt*
*solange noch Zeit ist...*

Objektiv änderte das Kriegsende für Erwin Walter und Hilde Palm tatsächlich einiges zum Positiven. Palm bekam nun ein festes Universitätsgehalt. Hilde Domin erhielt 1948 ebenfalls eine Dozentenstelle an der Universität. Sie unterrichtete Deutsch, der Lehrstuhl war gerade erst geschaffen worden. Hauptsächlich Professoren waren ihre Studenten. Wer von ihnen eines Tages zum Beispiel Heidegger zu lesen hoffte, lernte bei ihr die deutsche Sprache.

So war es immer noch und immer wieder die Sprache, die zur Lebensgrundlage diente und in der Stunde ihrer Geburt als Dichterin für Hilde Domin zur Rettung wurde.

# Beginn einer neuen Existenz als Dichterin

*E*s war im November 1951 – die Palms wohnten noch immer in ihrem Haus in Santo Domingo, als sich plötzlich das bisherige Leben von Hilde Palm als Vorgeschichte erwies zu einem zweiten Leben: als Hilde Domin. Die Sprache, der sie so lange gedient hatte, die sie gewendet hatte, „wie andere Kleider wenden", die sie beherrschte wie kein anderes Handwerk, wurde für sie Lebensrettung in wortwörtlichem Sinne.

Denn Hilde Palm, die jahrelang als Mitarbeiterin ihres Mannes mit der Sprache gearbeitet hatte, stand plötzlich in einer tiefen Lebenskrise, in die sie durch den Tod ihrer Mutter geriet. „Ich befreite mich durch Sprache. Hätte ich mich nicht befreit, ich lebte nicht mehr. Ich schrieb Gedichte. Ich schrieb deutsch, natürlich."

In ihrer biografischen Aufzeichnung „Unter Akrobaten und Vögeln" hat Hilde Domin ihre „Geburt" als Dichterin, ihre „zweite Geburt", in der ihr eigenen realistisch-humorvollen Weise beschrieben: „Wie ich, Hilde Domin, die Augen öffnete, die verweinten, in jenem Hause am Rande der Welt, wo der Pfeffer wächst und der Zucker und die Mangobäume, aber die Rose nur schwer, und Äpfel, Weizen, Birken gar nicht, ich verwaist und vertrieben, da stand ich auf und ging heim, in das Wort. ›*Ich richtete mir ein Zimmer ein in der Luft / unter Akrobaten und Vö-*

*geln.*‹ Von wo ich unvertreibbar bin. Das Wort aber war das deutsche Wort."

Das Schreiben von Gedichten widerfuhr Hilde Domin ohne ihr Zutun. Plötzlich war es da. Eine Möglichkeit, die wahrscheinlich bereits lange in einer Art Schlummer darauf gewartet hatte, aufgeweckt zu werden. Es war der Schock über den Tod der Mutter, der die Katharsis herbeiführte. Das Angestaute quoll in einer immensen Produktivität hervor. Die ersten zweihundert Gedichte schrieb sie in rascher Folge. Mit einem Mal war Schreiben für sie so unverzichtbar wie Atmen geworden.

Domin: „Warum ich schreibe? Das war nicht vorgesehen. Es hätte nie passieren brauchen. Man lebt nicht alle Leben, die man leben könnte. Es passierte. Nichts lässt sich je rückgängig machen… Ich hatte mir nichts vorgenommen, es passierte, wie wenn einer überfahren wird. Oder wie Liebe… Ich war ein Sterbender, der gegen das Sterben anschrieb. Solange ich schrieb, lebte ich. Das Handwerk hatte ich längst. Ich hatte es nicht gebraucht. Nun brauchte ich es … Das Gedicht sollte die Wirklichkeit verändern, die unlebbar war. Sie veränderte sich."

Das Schreiben des ersten Gedichtes muss in der Tat für Hilde Palm damals, als sie immerhin schon 42 Jahre alt war, ein so ungewöhnliches Ereignis gewesen sein, als würde sie auf einen anderen Stern katapultiert. Sie misstraute sich selbst und übersetzte es ins Spanische, um zu überprüfen, ob es Bestand hätte. Und dann zeigte sie es vorsichtig, beinahe ängstlich, ihrem Mann. Der war erstaunt und sogar ein bisschen verärgert, weil er sie so nicht kannte, als Gedichtschreiberin. Und er war skeptisch, ob sie das überhaupt könne. „Du hast es nie getan", sagte er zu ihr. Als er das Gedicht, ihr erstes Gedicht, gelesen hatte, knallte er die Tür hinter sich zu. Da wusste sie, dass es wirklich ein Gedicht war, was sie geschrieben hatte.

Vielleicht ahnte der Ehemann in jenem Augenblick instinktiv, dass sich ihrer beider Leben von nun an verändern würde. In ihrem Roman „Das zweite Paradies" beschreibt Hilde Domin die damalige Situation in verschlüsselter Form: „Um so mehr musste sie, die Verteidigerin des Paradieses, diese Umstände im Auge behalten, damit es möglich blieb, sie gemeinsam zu leugnen, ohne doch von ihnen überrumpelt zu werden. So wurde sie in dieser Hinsicht geradezu schizophren, denn während ein Teil von ihr immer auf Wache stand und die Hilflosigkeit der Lage unbarmherzig an sich vollstreckt sah, ging der andere Teil sehr glücklich mit ihm hinter diesen selben Mauern spazieren, die zu erhalten sie sich so krampfhaft abmühte. Nur dass in dem Maße, wie der äußere Druck zunahm, die Proportion zwischen beiden Teilen immer ungünstiger wurde, immer mehr von ihr auf Wache stand, immer weniger von ihr dafür frei war, mit ihm in diesem umhegten Garten glücklich zu sein. Sowie er aber merkte, dass die Proportion sich verschob, wurde er widerspenstig und unzufrieden, es verdarb ihm den Spaß, denn wozu hat man eine Frau, wenn sie nicht mit in den Garten kommt, dessen abbröckelnde Mauern instand zu halten sie atemlos tätig ist."

Bisher waren in den Jahren ihres Zusammenlebens die Rollen fest verteilt gewesen. Nun hatte sie etwas Neues, etwas Ungewöhnliches getan. Und das brachte die festgefügte Ordnung zwischen ihnen durcheinander. Ihr Mann hatte sich daran gewöhnt, in ihr eine Art „hauptberufliche Wundertäterin" zu sehen. Nun war sie es, die durch den Tod der Mutter zum ersten Mal schutzbedürftig war und die ein Mittel gefunden hatte, sich aus dieser seelischen Krise zu befreien.

In ihrem letzten Gedichtband „Der Baum blüht trotzdem" von 1999 finden wir ein Gedicht, das von dieser Schutzbedürftigkeit spricht:

*Andere Geburt*

*Mutter dein Tod*
*ist unsere zweite Geburt*
*nackter hilfloser*
*als die erste*

*Weil du nicht da bist*
*und uns nicht in den Arm nimmst*
*um uns vor uns selber*
*zu trösten*

Durch die Verschiebung der Koordinaten wurden Hilde und Erwin Walter Palm aus der Fraglosigkeit des ersten Paradieses vertrieben, was eine ernste Krise in ihrer Beziehung zur Folge hatte. Als „das Paradies platzte", da erst wurde plötzlich für sie akut, dass sie sich in der Fremde befanden. „Als sie erkannten, dass sie Vertriebene waren, waren sie vertrieben. Unversehens wurde das Exil an ihnen vollstreckt. Dafür umso härter. Die Verstoßung. Die eine wie die andere. Der Verfolger hatte sie eingeholt.

Spät aber doch. Als der Krieg schon zu Ende war. Als sie schon aufhören durften, Verfolgte zu sein. Da erkannten sie, dass sie verstoßen waren. Fremde. Draußen. Ungeschützt", schreibt Hilde Domin in „Das zweite Paradies".

Eins der allererersten Gedichte, datiert auf den November 1951, vermittelt, wie die Dichterin sich damals gefühlt hat. Zugleich zeigt sich hier bereits die hohe Kunst ihrer Dichtung:

*Schale im Ofen*

*Schale im Ofen*
*du wirst gebrannt.*
*Tränenätzung,*
*Glasur aus Demut*
*über dem schüchternen*
*Schimmer von Lächeln.*
*So wirst du täglich*
*ein wenig versehrt,*
*bis Wunsch und Klage zerschmilzt*
*und ein Rosenblatt*
*oder ein Schmetterlingsflügel*
*fast gröbre Substanz sind.*

Hier schon scheint das unverwechselbare Flair Dominscher Lyrik auf. Da ist diese gewisse Schwerelosigkeit, die sich in Worten wie Rosenblatt und Schmetterlingsflügel oder im „schüchternen Schimmer von Lächeln" manifestiert. Und im Kontrast dazu das Wort „Tränenätzung", eine Wortneuschöpfung, die nicht nur aktuelle und persönliche Verletzung beinhaltet, sondern gleich auch die überpersönliche und kollektive Krisenerfahrung der vergangenen Jahre mit verarbeitet.

Die Verbindung von persönlich Erlittenem mit dem Leiden all jener, die im Nazireich verfolgt und gemordet wurden, kommt auch in zwei anderen im Jahr 1951 entstandenen Gedichten eindrucksvoll zum Tragen.

*Makabrer Wettlauf*

*Du sprachst vom Schiffe-Verbrennen*
*– da waren meine schon Asche –,*
*du träumtest vom Anker-Lichten*
*– da war ich auf hoher See –,*
*von Heimat im Neuen Land*
*– da war ich schon begraben*
*in der fremden Erde…*

*Alle meine Schiffe*

*Alle meine Schiffe*
*haben die Häfen vergessen*
*und meine Füße den Weg.*
*Es wird nicht gesät und nicht geerntet*
*denn es ist keine Vergangenheit*
*und keine Zukunft,*
*kaum eine Bühne im Tag.*

*Nur der kleine*
*zärtliche Abstand*
*zwischen dir und mir,*
*den du nicht verminderst.*

Schon in diesen frühen Beispielen deuten sich die Lebensthemen ihrer Lyrik und auch der späteren Prosa an: Heimatverlust, Sterben, Todesbestimmtheit. Und auch schon – im Gedicht „Alle meine Schiffe" – dieser zunächst noch äußerst zaghafte, zarte Hoffnungsschimmer dessen, was später zu einem bewussten „Dennoch" reifen sollte.

Diese früh erkennbare Reife, ja eigentlich schon Meisterschaft, in der Anwendung des poetischen Instrumentariums ist umso erstaunlicher, als Hilde Domin nie vorgehabt hat, schriftstellerisch tätig zu werden. Auch als sie dann tatsächlich mit dem Schreiben von Gedichten begann, dachte sie keinen Moment lang ans Veröffentlichen. Das war in jenen schweren Stunden, Tagen und Monaten, wo sie einem Selbstmord nahe war in ihrem großen Kummer, in dem Gefühl völliger Verlassenheit, auch überhaupt nicht von Bedeutung. Ein solcher Gedanke stand einfach ganz außerhalb jeglicher Überlegung. Nein, in diesen entscheidenden Augenblicken ihrer „Geburt" als Dichterin, war es wirklich so, als käme ein Rettungswagen mit Blaulicht daher, wie sie einmal erzählt. „Mein erstes Gedicht, das war schon mein Leben", sagt sie einmal in einem Gespräch. Es rief sie ins Leben zurück. Sie vergleicht das Gedicht, das in Situationen von Leid oder Lebensgefahr, Verzweiflung oder Trauer geschrieben wird, mit dem Gebet oder dem therapeutischen Gespräch. Am liebsten aber verwendet sie den Begriff der Gnade für dieses Geschenk: die Selbstbefreiung aus einer extremen seelischen Lage durch Kreativität.

Hilde Domin hält nichts von dem Begriff Verarbeitung. „Das ist ein zu zielbewusstes Wort. Man schreibt Gedichte, weil man sie schreiben muss. Man kann sie nicht schreiben wollen. Das funktioniert nicht", sagt sie zu mir.

In dem Aufsatz „Ich schreibe, weil ich schreibe" gibt sie über die Gründe und Folgen ihres Schreibens folgendermaßen Auskunft: „Es ist eine Selbstverdoppelung. Das Innen wird Außen und umgekehrt. Ein Objektivierungsprozess, der Glücksfall schöpferischer Arbeit. Das ungeheure Fremdgefühl wird überwunden, ohne dass man stürbe oder sich umbrächte... Ich schreibe also, weil ich schreibe, seit ich zu schreiben angefangen habe. Jede andere Begründung ist eine nachträgliche. Es ist die Sprache. Seit ich diese Art Umgang mit ihr habe, seit sie mir zum Partner geworden ist, kann ich es nicht lassen. Es ist eine Leidenschaft, ihr diese ganz kleinen Schubse zu geben und den Anprall zu fühlen. Die Zeit hört völlig auf, wie beim Liebesakt. Es ist ein schizophrener Vorgang, zugleich aktiv und passiv. Eine Art Zauberkunst, ein Akt der Befreiung durch Sprache."

Persönlicher hat Hilde Domin in ihrem Roman „Das zweite Paradies" die schwere Krise beschrieben, in die sie der Tod der Mutter stürzte, die eine Lösung – fast ist man versucht zu sagen: Erlösung – erfuhr: durch ihre neue Existenz als Dichterin und durch die aktive Zurückeroberung des verlorenen Paradieses.

„Sie empfand es sehr stark: den Kräftezuwachs, der ihr an der äußersten Kante der Hilflosigkeit zuteil geworden war. Vielleicht, weil es eine äußerste war, und das Äußerste für den, der gerettet wird, in sein Gegenteil umschlägt. Der Tod der Mutter, schlimmer als damals die Abfahrt des Schiffes, die Verstoßung, die Flucht aus Europa. Endgültiger Exodus ins Ungeschützte, letzte Geburt ... Im Anfang war es gewesen, als habe der Tod der Mutter sie einer Dimension beraubt, sie fühlte sich schwanken, als sei sie eine Scheibe. Sie hätte sich anlehnen wollen, festhalten, um nicht umzufallen. Vielleicht hatte dieser Wunsch ihn verstört, noch ehe sie dazu kam, ihn zu äußern, ja ihn nur selber zu fühlen. Der Reiter nimmt das Pferd nicht huckepack, wenn es sich den Fuß bricht. Auch sein Lieblingspferd nicht. Das ist gegen die Natur der Dinge, das hat die Vorsehung nicht gewollt. Als sie, die Halt zu sein hatte, Halt suchte, war daher nichts da, woran sie sich hätte halten können."

Doch Hilde Palm fand die scheinbar verlorene Dimension auf eine neue, unerwartete Weise wieder: im kreativen Prozess des Dichtens. Sie war schon Hilde Domin, obwohl sie es noch nicht wusste. Denn dieser neue Name entstand erst in dem Moment, als ihre Gedichte sich auf den Weg zum Leser machten.

„Ich trau mich zu lieben" – dieses Motto aus ihrem Roman „Das zweite Paradies" – streicht Hilde Domin mit zwei energischen Strichen an, als ich ihr das Buch zum Signieren reiche.

„Es ist mein wichtigstes Buch! Ja!", sagt sie, und ihre Augen sprühen vor Energie, als gelte es, in einen Feldzug zu ziehen. Die innere Aussage des Romans. „ ... Wo noch niemand war: Heimat. ich trau mich zu lieben. wo noch niemand war...", diese Endlos-Reihe zweier Sätze auf dem Umschlag, in nebligem Grau und teilweise verwischten Buchstaben deutet auf die doppelte Problematik des Romans: Heimat und Liebe sind immer etwas Bedrohtes und Verlierbares. Es wird der Verlust von beiden beschrieben, das Vertriebenwerden aus dem Land und aus dem ersten Paradies der nicht in Frage gestellten Liebe.

Wesentlich geht es um die Rückkehr, aber in Form eines Neubeginns. Die autobiographischen Züge sind unverkennbar. So darf man den Roman, ihren einzigen übrigens, wohl auch verstehen als Beschreibung einer Identitätsfindung in ihrer neuen Rolle als schreibende Frau. Aus diesem neuen Selbstverständnis kann sie nicht mehr zurückkehren.

„Heimkehr ins Wort", Heimat im deutschen Wort, wie sie es so oft apostrophiert hat, ist immer auch das Wort der Kommunikation, nicht zuletzt auch über das Ausdrucksmittel Gedicht, diesen „magischen Gebrauchsartikel", wie sie ihn nennt. „Dichtung setzt die Kommunikation voraus, die sie stiftet." In einem Film-Portrait formulierte sie es einmal folgendermaßen: „Die Frage der Zugehörigkeit, die wird im Gedicht gelöst! Da ist der Mensch in dem Gedicht zu Hause. Für den einen, ewigen Augenblick – der für andere reproduzierbar ist – die dann auch zu Hause sind."

Die nächsten Jahre in Santo Domingo waren geprägt von einer zunehmenden Öffnung aus der bisherigen Isolation, dem buchstäblichen Insel-Dasein. Vier längere Aufenthalte in den USA verbanden die Palms wieder mit der „Außenwelt". Erwin Walter Palm bekam ein „Guggenheim Fellowship" für ein Jahr in den USA. Wieder in andere Länder reisen zu können, muss eine ähnliche Erfahrung gewesen sein, als wenn sich die Tür einer Gefängniszelle öffnet. Das Wissen allein, dass es dieses Draußen gibt, ist nur ein dürftiges, es „stößt kaum mehr als ein Luftloch in den Kasten, in dem wir sitzen". Aber wenn diese Außenwelt zur Wirklichkeit wird, ist das eine grundlegend andere Dimension: „An dem Kasten, in dem wir sitzen und der unsere Welt ist, bricht plötzlich auf der einen Seite die Wand heraus, und dahinter beginnt etwas ganz anderes."

Mehrfach waren die Palms in New York. Dort lernten sie auch die chilenische Nobelpreisträgerin Gabriela Mistral persönlich kennen, deren Gedichte Erwin Palm zu einem Teil ins Deutsche übersetzt hatte. Sie sprachen über eine geplante, von ihnen vorgeschlagene deutsche Ausgabe ihrer Lyrik. Gabriela Mistral war zu jener Zeit Konsulin ihres Landes. Ihr literarisches Werk, das ihr als einziger Dichterin Lateinamerikas den Nobelpreis eingetragen hatte, war dreißig Jahre zuvor entstanden.

Als die Palms ihr das erste Mal in einem Salon in der Fifth Avenue begegneten, in dem sich allsonntäglich die geistige Elite New Yorks traf, war sie mehr politisch als literarisch engagiert. Sie ließ gerade von den Gästen einen Aufruf gegen einen der südamerikanischen Diktatoren unterschreiben. Es war bekannt, dass sie auch gegen die Regierung ihres eigenen Landes war. Trotzdem ließ man ihr den Konsularposten, da sie ein hohes Prestige als Nobelpreisträgerin und auch wegen ihrer Leistungen als Reformpädagogin genoss.

Auch einen anderen Literaturnobelpreisträger, den spanischen Dichter Juan Ramón Jiménez, lernten sie kennen. Ihn besuchten die Palms in seiner

Washingtoner Wohnung. Allerdings verlief die Begegnung ein wenig enttäuschend. Sie hatten auf literarische Gespräche gehofft. Tatsächlich aber wurde über Visa, Aufenthaltsgenehmigungen und das amerikanische *social life* gesprochen.

Die letzten zweieinhalb Jahre des Exils, nach der „Geburt" der Dichterin Hilde Domin im November 1951, waren, wenn ich dazu die Gedichte befrage, die in jenem Zeitraum entstanden, wohl eine Zeit voller Zweifel und ambivalenter Gefühle: zwischen Traurigkeit, Verzweiflung, ja Todeswünschen und vorsichtiger Hoffnung auf eine Heilung von seelischen Wunden, auf eine Rückkehr zur nicht in Frage gestellten Liebe und in die Heimat.

Ein 1952 in Santo Domingo geschriebenes Gedicht trägt den Titel „Tage der Heimsuchung":

*… Ach, ich möchte hinausgehen*
*und mich in die Wiese legen*
*mit offenen Adern*
*und der Regen*
*stark wie ein Zug*
*soll über mich hinwegfahren …*

Diese Verse kann man als Selbstmordgedanken interpretieren. Hilde Domin hat ja selbst davon gesprochen, dass sie dem Selbstmord nahe gewesen sei. Aber sie überlässt sich diesen Gedanken nicht, sucht vielmehr mit Hilfe ihrer Dichtung „Neue Wege":

*Neue Wege möchte ich finden*
*schmerzhaft ungegangene*
*vom Du zum Ich…*

Immer noch bestimmten aber auch die Fremd-
heit, das Exil ihre poetischen Gedanken. Wenn auch,
noch ganz vorsichtig, auch Gedanken an eine Heimkehr in ihr wuchsen.

*Hausschlüssel*

*Wir halten sie fest*
*diese Schlüssel,*
*wir reisen mit ihnen,*
*wir Ausgewiesenen,*
*auch wir.*

*Das Herz, deine alte*
*Wohnung,*
*hat hellerleuchtete Fenster,*
*die Gesichter drinnen*
*sind fremd.*

*Nur im Traum*
*könntest du eintreten*
*mit diesen Schlüsseln,*
*die im Wachen so schwer*
*in den Händen wiegen.*

Dieses Gedicht schrieb Hilde Domin 1953 in New
York. Dort war es auch, wo die Palms überraschend
die Einladung des Deutschen Akademischen Aus-
tauschdienstes zu einem sechsmonatigen Aufenthalt
in Deutschland erreichte.

In Santo Domingo hatten sie den Besuch eines
deutschen Studenten aus Heidelberg erhalten, der
Tropenmedizin studieren wollte. Er war es, der

Kontakte zur akademischen Welt in Deutschland, zu den Universitäten in Heidelberg und Bonn herstellte und die Nachricht verbreitete, dass die Palms noch lebten.

Die Nachricht von dem Stipendium, das Erwin Walter Palm auf Regierungserlass gewährt werden sollte, war für die Palms eine große Freude und auch Aufregung. Zum ersten Mal stand ihnen damit greifbar die Rückkehr in das Land, aus dem sie vertrieben worden waren und in dem die Gräueltaten des Dritten Reiches stattgefunden hatten, vor Augen. Dass ihre Gefühle angesichts dieser Tatsachen durchaus gemischt gewesen sein müssen, kann man sich vorstellen.

Hilde Domin hatte erstmals bei Kriegsende Bilder von Konzentrationslagern gesehen. Ihr Erschrecken war groß. Es verfolgte sie in ihre Träume. Sie sagt: „Mein Entsetzen war nicht mitteilbar." In dem „Offenen Brief an Nelly Sachs" – also erst fünfzehn Jahre später – konnte sie ihre Schrecken formulieren: „Am schlimmsten waren mir die Leichenhaufen: all diese nackten hilflosen Körper, wie ein Lager von verrenkten Puppen übereinandergestapelt. Ich konnte keine nackten Körper mehr sehen, besonders keine Schlafenden … ohne mich zu ängstigen vor den Leichenpuppen, diesen hilflosen Objekten von Anderer Tun."

Diese Toten, die der eigenen Familie und auch die vielen unbekannten, schleppte sie wie eine Zentnerlast mit sich, in sich. Erst als sie im Winter 1959 zum ersten Mal die Gedichte von Nelly Sachs las, die sich in letzter Minute ins Exil nach Schweden hatte retten können, war es für Hilde Domin möglich, die

Toten – ihre Toten und die Millionen fremder Toter – im übertragenen Sinne zu „bestatten".

Sie schreibt ihr: „Sie gingen ein in das Gedächtnis aller Verstorbenen. In Schmerz aber ohne Bitterkeit lösten sie sich in Deinen Worten und stiegen auf wie ein milchiger Dunst, ich sah es sich auflösen, fortziehen. Sie kamen nicht mehr in dieser Form zu mir zurück. Ich breche in Tränen aus, wie ich dies schreibe, aber ich will es trotzdem aussprechen, und auch öffentlich."

Nirgendwo hat Hilde Domin über das Schicksal der Familie ihres Mannes gesprochen. Erst kürzlich, auf einem gemeinsamen Spaziergang auf den Höhen oberhalb von Heidelberg, offenbarte sie mir, was sie wohl über all die Jahrzehnte in ihrem Herzen bewahren musste, weil es zu schmerzvoll war, um es auszusprechen: „Von Erwins Familie sind alle umgekommen. Alle sind ermordet worden, seine Eltern, sogar noch seine Großmutter. Sie haben nicht aus Deutschland weggehen wollen. Sie haben geglaubt, dass ihre Verdienste im Ersten Weltkrieg sie vor der Vernichtung retten würden. Sie wurden nach Theresienstadt deportiert. Niemand ist zurückgekommen." Sie weint, als sie mir das erzählt.

Als die Einladung nach Deutschland kam, war es daher sicher keine leichte Entscheidung, ob sie sie annehmen sollten. Aber sie kehrten zurück. Hilde Domin klagte nicht an, schaute nicht zurück, sondern nach vorn. Sie kehrte zurück, ohne Bitterkeit, ohne Hass vor allem. Zum Hass fühle sie sich vollständig unfähig, sagt sie. Auch Bitterkeit ist kein Wesenszug von Hilde Domin.

„Ganz wesentlich ist für mich, mit offenen Armen auf den anderen zuzugehen, an das Gute im Menschen zu glauben, an das Wunder zu glauben, weil man Vertrauen übt." Das sagt eine jüdische Dichterin, in der Folge und Zeitgenossenschaft so bedeutender jüdischer Dichter wie Else Lasker-Schüler, Elisabeth Langgässer, Paul Celan, Nelly Sachs, Rose Ausländer, Erich Fried – die nun als letzte Überlebende der Verfolgung noch bekennerhaft ihre Stimme erhebt.

Dazwischen lag der Holocaust, lag Auschwitz, nach dem – wie Adorno einst formulierte – nie mehr Gedichte geschrieben werden könnten. Für Hilde Domin lagen die Jahre des Exils dazwischen, 22 Jahre, als sie mit ihrem Mann im Februar 1954 wieder deutschen Boden betrat.

In ihren Träumen hat sie diese Rückkehr vorweggenommen. Sie träumte von ihrem Elternhaus in Köln. Im Traum war es zerstört. Nur das Gartentörchen, auf dem sie mit ihrem Bruder geschaukelt hatte, gab es noch. Und es blühte der Mandelbaum vor dem Haus. Sie dachte an die Gräber ihrer Lieben. „Wenn nur die Friedhöfe in Ordnung sind!" Dann, so schien es ihr, war eine Rückkehr möglich.

Während eines Aufenthaltes im Herbst 1953 in Vinalhaven im US-Staat Maine, nahe der kanadischen Grenze, schrieb Hilde Domin ihr letztes Gedicht vor der Rückkehr. Das Großgedicht „Wen es trifft". Dieses sieben Seiten umfassende Gedicht, aus dem ich bereits zitiert habe, umfasst alles bisher Erlittene durch die Verfolgung, die Vertreibung, das Exil und antizipiert im zweiten Teil bereits die Rückkehr, obwohl es der Dichterin, wie sie später einräumt, zur Zeit des Schreibens, nicht bewusst war. Es ist ein großes, ein großartiges Gedicht. Eins, wie Hilde Domin selber sagt, ihrer beiden wichtigsten Gedichte. Das zweite ist „Abel steh auf". Wir werden später darüber hören.

Hier seien die Verse zitiert, die – fast ungläubig noch – davon sprechen, dass für den Zurückgekehrten ein Neubeginn denkbar ist. Hoffnung, diese für Hilde Domin so grundlegende Tugend, scheint auf. Auch von Vertrauen ist die Rede.

…
*Dann wird er wieder entdeckt*
*wie ein verlorener Kontinent*
*oder ein Kruzifix*
*nach einem Luftangriff*
*im verschütteten Keller.*
*Es ist als würde eine Weiche gestellt:*
*Sein Nirgendwo*
*wird angekoppelt*
*an die alte Landschaft,*
*wie man einen Wagen*
*von einem toten Gleis*
*an einen Zug schiebt.*
*Unter dem regenbogenen Tor*
*erkennt ihn und öffnet die Arme*
*zu seinem Empfang*
*ein zärtliches Gestern*
*an einem bestimmbaren Tag des Kalenders,*
*der dick ist mit Zukunft.*
…
*Sein entlaubter*
*Freudenbaum*

92

*treibt neue Knospen,*
*selbst die Rinde des Vertrauens*
*wächst langsam nach.*
...
*Die furchtbare Pause*
*der Prüfung*
*sinkt ein.*
*Die Schlagbäume*
*an allen Grenzen*
*werden wieder ins Helle verrückt...*

Das Gedicht endet mit einem mahnenden Appell. Damit nahm sie vorweg, was sie später von sich sagen sollte: „Ich kam als Rufer zurück."

...
*Du aber*
*der Du ihm*
*auf jeder Straße begegnest,*
*der Du mit ihm*
*das Brot brichst,*
*bücke Dich und streichle,*
*ohne es zu knicken,*
*das zarte Moos am Boden*
*oder ein kleines Tier,*
*ohne dass es zuckt*
*vor Deiner Hand.*
...
*damit sie transparent wird*
*und gänzlich untauglich*
*zu jedem Handgriff*
*beim Bau*
*von Stacheldrahthöllen...*

Ganz sicher hat Hilde Domin dieses Gedicht geschrieben, weil sie es hat schreiben müssen. Und doch unterscheidet sich dieses Bekenntnis- und Mahngedicht von den vorangegangenen „privaten" Gedichten eben dadurch, dass es sich an den Leser wendet und damit zu einem „öffentlichen" Gedicht wird, auch wenn der Dichterin dies zum Zeitpunkt des Entstehens noch nicht bewusst war. Man könnte sagen, mit diesem Gedicht ist der „Geburtsvorgang" abgeschlossen. Die Dichterin ist in der Welt angekommen. Und tatsächlich sollte es nicht mehr lange dauern, bis ihre Gedichte, ohne dass sie daran gedacht oder sich darum bemüht hätte, das Licht der Öffentlichkeit erblickten.

Im Februar 1954 fuhr Hilde Palm kurz zurück nach Santo Domingo, um die Bücher in Kisten zu verpacken. Mit kiloweise DDT versehen, fanden über zehntausend Bücher in Zinkkisten ihr vorläufiges Unterkommen. Die Kisten blieben wie eine Festung im Eingang des Hauses zurück, in dem die Palms zehn Jahre lang gelebt hatten. Sie mussten auf ihre Heimkehr noch weitere sieben Jahre warten. Hilde hatte schweren Herzens den Marx geopfert (sie hatten ihn sicherheitshalber in kleine Stücke zerrissen), um während ihrer Abwesenheit die übrigen Bücher nicht zu gefährden. Und sie verkauften 72 Bände Voltaire und alte Ausgaben von Friedrich dem Großen, um von dem Erlös die Überfahrt bezahlen zu können. Die Entscheidung, nach Deutschland zurückzukehren, war getroffen.

# Rückkehr als
# „Heimkehr ins Wort"

An den Beginn dieses Kapitels über den für die Dichterin Hilde Domin bedeutenden Lebensabschnitt möchte ich einige Passagen aus der Festrede zur Verleihung des Meersburger Droste-Preises 1971 des großen Heidelberger Philosophen Hans-Georg Gadamer stellen. Gadamer bezeichnete Hilde Domin explizit als „Dichterin der Rückkehr" und hob damit hervor, was Hilde Domin einmal selbst über die Bedeutung von Exil und Rückkehr für ihr Leben gesagt hatte: „Wichtiger noch als das Exil war in Wirklichkeit für mich die Rückkehr."

Wenn man bedenkt, wie wenige Schriftsteller, die vor der Nazi-Diktatur ins Exil flohen, nach Deutschland zurückgekehrt sind, und unter ihnen nicht die jüdischen Autoren wie Nelly Sachs, Paul Celan, Else Lasker-Schüler, Lion Feuchtwanger, Stefan Zweig, dann wird einem erst bewusst, was eine solche Rückkehr für denjenigen bedeutete, den der Holocaust in die Fremde gezwungen hatte.

Gadamer stellte in seiner Rede den konstitutiven Zusammenhang dar zwischen der Tatsache der Rückkehr und der spezifischen Dichtung Hilde Domins. Gadamer: „Hilde Domin ist die Dichterin der Rückkehr." Die Verwendung des bestimmten Artikels ist hier besonders zu beachten. Er hält sie demnach nicht für eine, also eine unter anderen, sondern ausdrücklich für *die* Dichterin der Rückkehr.

Weiter führt er aus: „Bedenken wir, was das heißt. Es heißt nicht, dass hier ein privates Geschick der Vertreibung und der Heimkehr seine Darstellung im Wort suchte und fand. Es heißt auch nicht, dass hier ein allgemeines deutsches Schicksal, das uns zerriss, dessen Wunden sichtbare Narben hinterließen und das nicht zu schließende Risse verursacht hat, dichterische Bewältigung erfuhr ... Rückkehr ist noch anderes als das Wagnis und Unterfangen eines ehedem ins Exil Gegangenen, und die Bilanz dieses Lebensschicksals ist noch anderes als die Summe der Erfahrungen von Verlust und Abschied, Fremde und Ferne, Wanderschaft, Freundschaft, Liebe ... Es sind Dichtungen. Sie reden von uns allen. Wir alle wissen oder müssen lernen, was Rückkehr ist ... Hilde Domins Verse lassen uns ... auf eine neue Weise verstehen, was Dichtung ist. Wer mit ihr realisiert, was Rückkehr ist, weiß mit einem Male, dass Dichtung immer Rückkehr ist – Rückkehr zur Sprache."

Und genau so drückte es Hilde Domin ja aus in ihrem berühmt gewordenen Zitat: „Da stand ich auf und *ging heim, in das Wort* ... Von wo ich unvertreibbar bin. Das Wort aber war das deutsche Wort. Deswegen fuhr ich wieder zurück über das Meer, dahin, wo das Wort lebt."

Auf einem Schiff waren die Palms 1940 von England aus in ihr letztes Exilland, die Dominikanische Republik, aufgebrochen. Mit einem Schiff landeten sie im Februar 1954 in Bremerhaven.

22 Jahre waren vergangen, als sie zum ersten Mal wieder deutschen Boden betraten. Diese Landung erschien ihnen erstaunlicher als ihre Landung in-

mitten von Zuckerrohrfeldern. „Man konnte aussteigen, einfach aussteigen, als sei es eine Reise wie jede andere." Und als sollten sie aus ihrem ungläubigen Staunen herausgerissen werden in die Wirklichkeit, löste sich aus dem Kran, der das Gepäck von Deck auf die Kais beförderte, ein Koffer und fiel auf das Pflaster.

„Später sahen sie, dass es der ihre gewesen war. Er war aufgeschlitzt, diagonal, von Ecke zu Ecke. Nichts war herausgefallen. Nur der Koffer war demonstrativ ans Ende seiner Reisen gelangt. Der Koffer, mit dem sie weggefahren war." So beschreibt Hilde Domin später dieses Ereignis in ihrem Roman „Das zweite Paradies".

„Zurückkommen – das ist etwas ganz anderes, als man erwartet. Die Erinnerung spannt ein Netz mit merkwürdigen ungleichen Maschen durch unser Herz." Und so war es natürlich nicht viel, was von Erinnertem übrig geblieben war nach ihrer fast ein viertel Jahrhundert währenden Abwesenheit, davon sechs Jahren Krieg. Viele Städte waren bei ihrer Ankunft noch sehr zerstört. Aber das Erschrecken darüber muss bei den beiden Rückkehrern weniger schwer gewogen haben als die Freude, wieder die deutsche Sprache sprechen und hören zu können.

Die Freude verwandelte sich in Glück, als schon in der ersten Woche ihrer Rückkehr in Hamburg der Nordwestdeutsche Rundfunk Interesse bekundete, die Gedichtübertragungen aus dem Spanischen von Erwin Walter Palm zu senden. Dass die Gedichte, die Palm im Exil mit solcher Hingabe in die deutsche Sprache übersetzt hatte, plötzlich verlangt wurden, dass sie nicht nur zu ihrer beider privatem

Vergnügen gut waren, das war für sie die eigentliche Heimkehr in das Land ihrer Muttersprache.

Hamburg, Berlin, Frankfurt und München waren Stationen ihres ersten Aufenthaltes in der Heimat. Lesungen, Vorträge, Rundfunksendungen mit den Gedichten, die 1955 als Anthologie in „Rose aus Asche" erscheinen sollten, „verwandelten sich damals konkret in Mittagessen und bequemeres Wohnen". Und das konnten die Palms auch gut gebrauchen, denn das Stipendium war ja nur für einen, für Erwin Walter Palm, gedacht. Aber sie mussten zu zweit davon leben.

So war auch diese Zeit für sie noch geprägt von Wanderschaft wie die vielen Jahre davor. Und doch unter ganz anderen Vorzeichen. Erstmals war da die Hoffnung, wieder heimisch werden zu können. Noch war es eine „Vorsichtige Hoffnung", wie Hilde Domin ein Gedicht benannte:

*Vorsichtige Hoffnung*

*Weiße Tauben*
*im Blau*
*verbrannter Fensterhöhlen,*
*werden die Kriege für euch geführt?*

*Weiße Taubenschnur*
*durch die leeren Fenster*
*über die Breitengrade hinweg.*
*Wie Rosensträucher auf Gräbern*
*achtlos nehmt ihr das Unsre.*
*Auf den mit Tränen gewaschenen Stein*
*setzt ihr das kleine Nest.*

*Wir bauen neue Häuser,*
*Tauben,*
*die Schnäbel der Krane ragen*
*über unseren Städten,*
*eiserne Störche, die Nester für Menschen richten.*
*…*

Dass Hilde Domin in diesem Gedicht Tauben anspricht, kommt nicht von ungefähr. Die Taube ist das Symbol für Frieden. Noch sind die Spuren des Krieges unübersehbar, versinnbildlicht in den „verbrannten Fensterhöhlen". Aber es werden neue Häuser errichtet, in denen die Menschen wieder wohnen können. Sowohl sie als auch die Tauben können und dürfen sich wieder Nester bauen für ein neues Zuhause. Die Taube ist auch der Vogel, der mit dem Ölzweig im Schnabel zur Arche Noah zurückkehrt und verkündet, dass nach der Sintflut wieder Land in Sicht ist. Diese Art Symbolik ist die Sprache, die jeder versteht. Das ist das Typische der Dominschen Poesie. Sie ist nie verrätselt. Sie erscheint einfach und weckt im Leser das Gefühl, etwas Altvertrautem zu begegnen.

Zu dieser Form von Allgemeingültigkeit in der Dichtung möchte ich noch einmal aus der oben genannten Festrede Hans-Georg Gadamers zitieren:

„Das Verhalten des Dichters zur Sprache ist für uns alle Rückkehr zur Sprache, Abschied und Erkenntnis zugleich. Denn nie sind die Worte sich gleich. Der Dichter ist immer aus dem Selbstverständlichen ausgewandert. In dem Atem der Atemlosigkeit, die ihn überall ein Verwundern erregen lässt, wird das Gedicht geboren. Das ist ein Äußerstes an Vereinzelung. Aber ist es nicht auch Rückkehr in das allen Gemeinsame? Nicht nur so, dass der Dichter aufgenommen wird von der Sprache, die alle sprechen. Auch so, dass wir mit ihm mitgegangen sind in Abschiede und Erkenntnisse."

Und nun folgt ein Gedanke Gadamers, was die Wirkung von Gedichten betrifft, dem wir noch in den dichtungstheoretischen Reflexionen Hilde Domins begegnen werden: „Auch so, dass wir selber immer wieder aus dem Selbstverständlichen auswandern – wir nennen das Denken – und zurückkehren in ein Andersgewordenes – wir nennen das Erkenntnis."


Waren die Stationen in Hamburg, Berlin, Köln und Frankfurt nur jeweils kurze Etappen ihrer Rückkehr, so wurde München für fast ein Jahr der erste feste Ruhepunkt. Dort sah Hilde Domin nach 25 Jahren ihren Bruder wieder. Auf dem Münchner Bahnhof erwartete er die Heimkehrer. Es muss eine denkwürdige Begegnung gewesen sein nach einem derartig langen Zeitraum. Sie hatten sich zuletzt gesehen, als sie beinahe noch Schulkinder gewesen waren. „Da stand er auf dem Bahnsteig und sah meinem Vater erstaunlich ähnlich, was er als Junge gar nicht getan hatte."

Die Eltern waren tot. Und nun war der Bruder der einzige nahe Verwandte, der sie in Empfang nehmen konnte. „Was ich nie vergessen werde: wie ich im Auto plötzlich zwischen zwei Männern saß, die beide zu mir gehörten, die offene Flanke gegen die Welt geschützt", beschreibt Hilde Domin die Erinnerung an diese Begegnung und fährt fort: „Es war ein ganz neues Lebensgefühl, so aufregend mindestens wie die Landung in Bremerhaven."

Der Bruder hatte für sie in der Nähe der Universität ein Zimmer gemietet. Sogleich bedauerte Hilde Domin, dass der Universitätsplatz nicht „Geschwister-Scholl-Platz" hieß. Dass man den Widerständlern der „Weißen Rose", die ihren Mut im Kampf gegen die Hitler-Diktatur mit ihrem Leben bezahlt hatten, die in der Universität ihre Flugblätter verteilt hatten und dabei verhaftet worden waren, nicht den erforderlichen Tribut gezollt hatte, indem man den Platz ihres widerständigen Wirkens nach ihnen benannt hatte.

München wurde für sie der Ort, an dem sich die endgültige Rückkehr in das Land ihrer Sprache vollzog. Im Piper Verlag wurde entschieden, dass die Gedichte, die Erwin Walter Palm während des Exils ins Deutsche übertragen hatte, als Buch erscheinen sollten. An den Vorarbeiten wirkte auch Hilde Domin mit, die zu jener Zeit keine eigenen Gedichte schrieb. Mit Albrecht Knaus, dem damaligen Lektor des Piper Verlages, bereitete sie die Drucklegung von „Rose aus Asche" vor, während ihr Mann auf kunsthistorische Vortragsreisen nach Norddeutschland, Holland und Belgien ging. Im „Merkur" wurde die Einleitung des Gedichtbandes vorabgedruckt. Und es gab Lesungen, unter anderem in der Falckenbergschule in München, so dass das Erscheinen des Bandes „Rose aus Asche" im Frühjahr 1955 gut vorbereitet war und eine außerordentlich gute Aufnahme beim Publikum und bei der Kritik fand. Siegfried Unseld besprach ihn in der FAZ, Karl Krolow widmete ihm eine Besprechung.

„Dass dieses Buch 1955 erschien und einen solchen Widerhall hatte, das war ein Willkommen besonderer Art, eine neue ›Landung‹." Und weiter sagt sie: „Es war eine der größten Freuden, die wir hatten seit der Rückkehr, und trug sehr dazu bei, uns heimisch zu machen."

Unterdes bekamen sie wie selbstverständlich Anschluss an Redaktionen und andere Schriftsteller. Als Hilde Domin kurze Zeit beim Dramaturgen der Münchner Kammerspiele Werner Bergold wohnte, wurde sie „eingeweiht in die persönlichen Affairen der neuen deutschen Literaten". Sie las die Neuerscheinungen deutschsprachiger Autoren, zum Beispiel von Max Frisch, Friedrich Dürrenmatt und Ingeborg Bachmann. Mit der Bachmann traf Hilde Domin ebenfalls in München zusammen.

Und dann kam es zu einer folgenschweren Begegnung, die die Weichen im Leben von Hilde Domin, die ja zu diesem Zeitpunkt noch immer Hilde Palm war, in die Richtung stellte, die fortan ihr Leben bestimmen sollte.

Sie hatte ihren Mann zu Dr. Schöningh, der damals Redakteur der renommierten Kulturzeitschrift „Hochland" und der „Süddeutschen Zeitung" war, begleitet. Es ging um Veröffentlichungen von Palms Gedichten. Und mit einem Mal fragte Dr. Schöningh sie, was sie denn tue. Überrascht über die Frage, antwortete sie sichtlich verlegen: „Ich habe so ein paar Gedichte geschrieben."

Schöningh bat sie, ihr doch einmal ein Gedicht zu schicken, was sie auch tat. Sie schickte ihm ein einziges Gedicht, das dritte, das sie geschrieben hatte. Es war das Gedicht „Schale im Ofen", das ich weiter oben vorgestellt habe. Dr. Schöningh erkannte sofort die Qualität und druckte es in der nächsten Nummer des „Hochland".

Hilde Domin, die bisher nie ans Veröffentlichen gedacht hatte, konnte 1954, also noch im Jahr ihrer Rückkehr, ihr erstes gedrucktes Gedicht in Händen halten. Das Veröffentlichen war ihr ohne eigenes Zutun zugestoßen wie auch schon das Dichten. Man darf sich das Gefühl, sich zum ersten Mal gedruckt zu sehen, durchaus euphorisch vorstellen. Die „Heimkehr ins Wort" hatte sich im wörtlichen Sinne vollzogen.

Ob sie in Deutschland ein bleibendes Zuhause wiederfinden würden, war allerdings noch eine offene Frage. Ein irrationales Kriterium für deren Beantwortung war für Hilde Domin, sich darüber klar zu werden, ob sie in diesem Land, in dem so unsagbar Furchtbares geschehen war, sterben, ob sie hier einmal eine letzte Ruhestatt finden könne. In ihrem ersten in Deutschland geschriebenen Gedicht „Apfelbaum und Olive" hat sie dieses Gefühl ausgedrückt:

...

*eine kleine Kirche auf einem Hügel*
*mit einem einsamen Kirchhof*
*winkt dir zu.*
*Du wägst ihren Gruß*
*wie eine Einladung,*
*die man eines Tages*
*– noch ungewiß, wann –*
*vielleicht gerne*
*annehmen möchte.*

*Und daran erkennst du,*
*daß du*
*hier ein wenig mehr*
*als an anderen Stätten*
*zuhaus bist.*

So irrational diese Überlegungen auf den ersten Blick scheinen mögen, so sind sie dem allgemeinen Sprachgebrauch keineswegs fremd. Dieser im Gedicht ausgesprochene Wunsch, nirgendwo anders als zu Hause beerdigt zu sein, findet sich in besonderer Weise bei Menschen, die im Exil leben.

Eine andere Sorge richtete sich auf die Gräber ihrer Angehörigen. Hilde Domin schildert ihr Erleben folgendermaßen: „Wenn nur die Friedhöfe in Ordnung sind, dachte ich auf dem Schiff bei der Rückkehr. Immer dasselbe, wie in einer Narkose. Wenn ich mich an einen Grabstein anlehnen kann, dann kann ich bleiben. Sonst werde ich nie wieder heimisch werden. Immer dachte ich an die Gräber auf der Überfahrt. Der einsame Friedhof. Frieden."

Und nachdem sie den jüdischen Friedhof in Frankfurt besucht hatte, schrieb sie: „Als ich die blaue Blütendecke sah, die niemand ausgebreitet hatte, aber die niemand wegnehmen würde, eine natürliche Decke, da begann ich die Menschen daraufhin anzusehen, ob ich wieder mit ihnen leben und wieder bei ihnen zu Hause sein könnte. Und dann konnte ich es. Es war ganz leicht, es kam ganz von selbst, als ich die Angst verloren hatte."

Die Begegnung mit ihrer Vaterstadt Köln war ein Erlebnis besonderer Art. Erinnerung und Erwartung stritten miteinander um das *wirkliche* Bild.

Hilde Domin hatte, als sie an die Rückkehr nach Deutschland dachte, viele Nächte lang geträumt, sie stünde vor ihrem Geburtshaus. Das Seltsame war: „Das Haus selbst lag in Trümmern, nur der Eingang war da, eine Treppe, die ins Nichts führte."

Und dann stand sie wirklich vor dem Haus in der Riehlerstraße 23, und die Realität war eine andere als erwartet. „Das Haus, das mein Traum abgeräumt hatte, stand wohlerhalten hinter dem Mandelbaum, obwohl die gegenüberliegende Seite der Straße in Trümmern lag. Nur war es viel hässlicher, als ich es mir je vorgestellt hatte."

Auch hierzu noch einmal die Ausführungen von Hans-Georg Gadamer: „So ist die Rückkehr ein zweideutiges Geschenk. Sie ist nicht ein Zurückbekommen dessen, was man verloren hatte, sondern zugleich neuer Verlust … Es ist nicht nur so, dass alles andere anders geworden ist, als es war, sondern vor allem so, dass wir selber anders geworden sind, als wir waren. Es gibt kein Zurück."

Hilde Domin hat diese Erfahrung in „Randbemerkungen zur Rückkehr" folgendermaßen beschrieben: „Wenn einer, der sein Leben draußen verbracht hat, wieder nach Hause kommt, ist es durchaus nicht, als werde ein Eimer Wasser wieder in den Teich gegossen. Das Wesentliche ist wohl das Erleben unterschiedlicher Realitäten – ein wenig so, als sei eine Statue nacheinander mehreren Bildhauern in die Hände gefallen und immer neu überarbeitet worden. Man verliert – und gewinnt."

Hilde Domin hat im Jahr ihrer Rückkehr nach Deutschland, 1954, nach „Apfelbaum und Olive" nur noch ein weiteres Gedicht geschrieben. Dieses

Gedicht mit dem Titel „Bitte" wurde 1955, wie schon das erste „Schale im Ofen", in der Zeitschrift „Hochland" veröffentlicht. Es ist ein großartiges Gedicht, das Auskunft gibt über die Befindlichkeit der Heimgekehrten: ein Dasein in noch immer äußerster Zerbrechlichkeit, ein Dasein, an dem die Verletzungen noch sichtbar und spürbar sind, die die Vergangenheit zugefügt hat.

*Bitte*

*Wir werden eingetaucht*
*und mit dem Wasser der Sintflut gewaschen,*
*wir werden durchnässt*
*bis auf die Herzhaut.*

*Der Wunsch nach der Landschaft*
*diesseits der Tränengrenze*
*taugt nicht,*
*der Wunsch, den Blütenfrühling zu halten,*
*der Wunsch, verschont zu bleiben,*
*taugt nicht.*

*Es taugt die Bitte,*
*dass bei Sonnenaufgang die Taube*
*den Zweig vom Ölbaum bringe.*
*Daß die Frucht so bunt wie die Blüte sei,*
*daß noch die Blätter der Rose am Boden*
*eine leuchtende Krone bilden.*

*Und daß wir aus der Flut,*
*daß wir aus der Löwengrube und dem feurigen Ofen*
*immer versehrter und immer heiler*

*stets von neuem*
*zu uns selbst*
*entlassen werden.*

Wer einmal wie Hilde Domin und ihr Mann alles verloren hat, wer durch das erfahrene Leid „durchnässt bis auf die Herzhaut" wurde, weiß, dass der Wunsch, verschont zu bleiben, nicht taugt. Es wird in der Gegenwartsform gesprochen. Es handelt sich nicht nur um die bitteren Erfahrungen, die man machen musste, sondern um die Erkenntnis, dass, wie sie einmal sagt, man es sich abgewöhnt, zu verabsolutieren. Selbstverständlich ist nichts mehr. Daher taugt nur noch die Bitte.

Hilde Domin verwendet in den beiden Strophen, die von der Bitte sprechen, die biblischen Motive der Sintflut, der Löwengrube und des Feuerofens. In allen drei Fällen wurden die Menschen (Noah, Daniel, die namenlosen „Jünglinge") durch Gnade vor dem Untergang gerettet. Gleichzeitig scheinen die schrecklichen Bilder von der Ermordung der Juden durch die Nazis auf. Somit wird deutlich, dass die Dichterin auch von ihrer eigenen Rettung spricht, die sie als Gnade empfindet, als Geschenk, das nicht selbstverständlich ist. Denn, so sagt sie einmal: „Man streicht das Wort ›selbstverständlich‹ aus seinem Lexikon." Und deshalb mischt sich in die Bitte die Hoffnung, dass die Taube den Ölzweig bringe und wir „stets von neuem / zu uns selbst / entlassen werden."

In diesen letzten drei Zeilen des Gedichts ist schon die Poetologie Hilde Domins enthalten, über die sie später, im Wintersemester 1987/88, an der

Frankfurter Universität unter dem Titel „Das Gedicht als Augenblick von Freiheit" Poetikvorlesungen halten sollte.

Die Botschaft des Gedichts ist diese: Nur durch das Hindurchgehen durch Leid und Prüfung, nicht durch Flucht, kann der Mensch zu sich selbst finden und dadurch erst Verantwortung für den Mitmenschen übernehmen. Nur in der Identität mit sich selbst kann der Mensch wahrhaftig sein. Genau das war und ist für Hilde Domin Programm ihrer Dichtung und ihrer Existenz.

Die Rückkehr in das Land ihrer Geburt war für sie auch der Wille, wieder mitverantwortlich zu sein. Dieses Gedicht zeugt außerdem davon, dass die Dichterin nicht nur zurück, sondern vor allem in die Zukunft blickt. Sie war nicht zurückgekommen, um abzurechnen, zu verurteilen oder den Deutschen ihre Schuld während des Nationalsozialismus vorzuwerfen. Sie brachte ihnen vielmehr ein Vorschuss-Vertrauen entgegen. Denn das grundlegende Vertrauen in den Menschen hatte sie sich in all den Jahren des Verfolgt- und Heimatlosseins wunderbarerweise bewahrt. Wie das möglich war, hat sie sich selbst gefragt. Eine Antwort kennen wir schon: durch das einmal erfahrene Urvertrauen im Elternhaus. Eine zweite: „Vielleicht hat mich das Glück der Rückkehr in das Land meiner Sprache, meiner Kindheit, also mein Land, blind gemacht. Ich war ja wie betrunken von so viel Wiedersehen. Sicher hat dabei auch eine Rolle gespielt, dass in der Rückkehr Freiheit war; im Gegensatz zu all den Fluchten und Exilen, Freiwilligkeit der Entscheidung. Die Rückkehr, nicht die Verfolgung, war das große Erlebnis meines Lebens. Ein Erlebnis von äußerster Zerbrechlichkeit."

Sie und ihr Mann hatten in diesem einen Jahr in Deutschland erfahren, dass eine Rückkehr möglich war. Nun waren sie auch frei, sich dem Land zuzuwenden, das sie schon in ihrer Jugend hatten aufsuchen wollen: Spanien.

Mit Spaniern, mit der spanischen Dichtung, mit der spanischen Baugeschichte waren sie während ihres zwölfjährigen Aufenthalts in der Dominikanischen Republik befasst wie sonst nur mit der deutschen Sprache. Erwin Walter Palm war zu einem Experten der iberischen Baugeschichte geworden, ohne bis jetzt die Baudenkmäler, nach deren Vorbild die Kolonialbauten in Santo Domingo und anderen lateinamerikanischen Ländern gebaut worden waren, gesehen zu haben. Das wollte er nun nachholen.

So fuhren die Palms im Sommer 1955 nach Spanien. Sie blieben dort an verschiedenen Orten, unter anderem in Madrid, im andalusischen San Rafael de la Sierra und in La Verdad an der Costa del Sol. Sie fühlten sich in Spanien wohl. Denn es ließ sich dort wesentlich unbeschwerter leben als in Deutschland.

Sie verbrachten dort zwei Jahre bis zum Sommer 1957. In der humorvollen und zärtlich-liebevollen Erzählung „Die andalusische Katze" begegnet man einem Paar, das sich – obwohl nur für vorübergehende Zeit – in einem Haus oberhalb des Meeres mit seinen Hauskatzen und der zugelaufenen „andalusischen Katze" einrichtet. Die vielen nachgereisten Bücher auf dem Kamin, eine Fülle an Manuskriptseiten, Markteinkäufe, gemeinsame Spaziergänge, gemeinsames Lesen und Schreiben, alles in Sonnenlicht und Blütenfülle getaucht, bilden eine Kulisse, bei der man sich nicht wundert, wenn es darüber heißt: „Wir fühlten uns sehr zu Hause, nicht nur der Katze wegen."

Hilde Domin schrieb wieder Gedichte: schwebend-leichte, von der Heiterkeit der andalusischen Landschaft inspirierte, und vor allem wunderbare Liebesgedichte.

*Wo steht unser Mandelbaum*

*Ich liege*
*in deinen Armen, Liebster,*
*wie der Mandelkern in der Mandel.*
*Sag mir: wo steht*
*unser Mandelbaum?*

*Ich liege in deinen Armen*
*wie in einem Schiff,*
*ohne Route, noch Hafen,*
*aber mit Delphinen am Bug.*
*...*
*Wohin wir kamen*
*wohin wir kommen, Liebster,*
*alles ist anders,*
*alles ist gleich.*

*Überall wird das Heu*
*auf andere Weise geschichtet*
*zum Trocknen*
*unter der gleichen*
*Sonne.*

Die Liebe, das gemeinsame Leben, hat alles über-
dauert und ist das einzig Wichtige geblieben. Die
Liebenden sind füreinander Zuhause. Der Mandelbaum, das Requisit aus heilen Kindertagen, wird
über die Zweisamkeit definiert.

Ein wunderschönes Liebesgedicht, im September
1955 geschrieben, lässt uns teilnehmen an dem wiedergefundenen „Gleichgewicht" der Liebenden.

*Wir gehen*
*jeder für sich*
*den schmalen Weg*
*über den Köpfen der Toten*
*– fast ohne Angst –*
*im Takt unsres Herzens,*
*als seien wir beschützt,*
*solange die Liebe*
*nicht aussetzt.*

*So gehen wir*
*zwischen Schmetterlingen und Vögeln*
*in staunendem Gleichgewicht*
*zu einem Morgen von Baumwipfeln*
*- grün, gold und blau -*
*und zu dem Erwachen*
*der geliebten Augen.*

Dass nur in der Liebe ein Zuhause ist, ist ein Gedanke, der auch in anderen Gedichten Hilde Domins
deutlich wird.

Hilde Domin schloss während ihres Spanienaufent-
halts Freundschaft mit Vicente Aleixandre, einem

der bedeutendsten Dichter Spaniens, dessen Gedichte Erwin Walter Palm ins Deutsche übertragen hatte. In der Aleixandre nahestehenden spanischen Literaturzeitschrift „Caracola" veröffentlichte Hilde Domin ab Juli 1956 verschiedentlich Gedichte, die sie selbst ins Spanische übersetzte. Auch zu dem Dichter Dámaso Alonso unterhielten Palms freundschaftliche Beziehungen.

Nach ihren dichterischen Vorbildern oder Wurzeln befragt, antwortet Hilde Domin, sie betrachte sich als „gebürtigen Schüler der Spanier", da sie in Santo Domingo mit dem Schreiben angefangen habe.

Und noch aus Spanien schickte Hilde Domin Gedichte an die „Neue Rundschau", die Literaturzeitschrift des S. Fischer Verlages in Frankfurt, und erhielt die Zusage einer Veröffentlichung von drei Gedichten. Mit dieser und der fast gleichzeitigen Veröffentlichung eines Gedichtes in „Akzente" im Dezember 1957 war sie als Dichterin in der Literatur der Bundesrepublik Deutschland etabliert. „Danach", schreibt sie, „öffneten sich mir alle Redaktionen und alle Arme."

Im Sommer 1957 kehrten Hilde Domin und Erwin Walter Palm nach Deutschland zurück und wohnten eineinhalb Jahre lang in Frankfurt am Main. Über die Annahme einiger ihrer Gedichte für „Die neue Rundschau" kam ganz von selbst die Beziehung zum S. Fischer Verlag in Frankfurt zustande. Es war ein aufregendes Erlebnis für sie, zum ersten Mal als zukünftige Autorin das Verlagsgebäude „Haus Bienenkorb" an der Konstablerwache zu betreten. Die Bücher an den Wänden, von illustren Autoren wie Bernard Shaw oder Thomas Mann, machten sie ehrfürchtig und scheu. „Ich erstarb vor Schüchternheit und auch vor Ehrfurcht vor meinem eigenen Gedicht", so erinnerte sie sich später an diesen ersten Besuch im S. Fischer Verlag. Denn noch waren diese Erfahrungen für sie ganz neu, und sie war sich nicht mehr sicher, ob ihre Gedichte wirklich gut waren. Sie schämte sich sogar, für ein Gedicht gelobt zu werden, da in diesen Anfängen, auf dem Weg in die Öffentlichkeit, die Gedichte noch sehr Teil von ihr waren. Später wurde das anders. Da nabelte sie sich gleich von ihnen ab. Jedenfalls fand Hilde Domin es aufregend, dass man über ein einziges Gedicht von ihr beinahe zwei Stunden lang diskutierte. Man versicherte ihr, dass die „Neue Rundschau" eine „hohe Plattform" sei. Denn außer Celan veröffentlichte man darin damals kaum zeitgenössische Lyrik.

Kurz nach Erscheinen ihrer Gedichte in der „Rundschau" wurde Hilde Domin von dem Verlegerehepaar Fischer nach Hause eingeladen. Als sie an der Tür stand, wurde sie, die sich als Dr. Palm vorgestellt hatte, gebeten, sich noch einen Moment zu gedulden, denn es werde gerade Hilde Domin erwartet. Die Verwirrung konnte schnell aufgeklärt werden. Dr. Bermann-Fischer bot Hilde Domin im Verlaufe des Besuchs an, einen Gedichtband von ihr zu drucken. Das Hochgefühl, das sie bei dieser Eröffnung erfüllt haben mag, kann man sich lebhaft vorstellen. „Es war, in meinem so unregelmäßigen Leben, die nächste Annäherung an das, was ein bürgerliches Hochzeitskleid sein mag: etwas richtig Feierliches."

In der Folgezeit war Hilde Domin äußerst kreativ. Sie schrieb viele neue Gedichte, die in ihrem ersten Gedichtband „Nur eine Rose als Stütze", den letzten und umfangreichsten Abschnitt bilden.

Von Februar bis Mai 1959 ging Hilde Domin, während ihr Mann auf Studien- und Vortragsreisen war, im schweizerischen Astano in Klausur, um das Manuskript von „Nur eine Rose als Stütze" in aller Ruhe abschließen zu können. Ihren Aufenthalt im Tessin benutzte sie auch zu einem Besuch bei Hermann Hesse, der, zurückgezogen und von der Außenwelt abgeschottet, in seiner Dichterklause in Montagnola lebte. Hilde Domin hatte schon seit vielen Jahren mit ihm korrespondiert, und es erstaunte sie, dass er alle ihre Lebensstationen auf einer Karteikarte gesammelt hatte: „Wie viele Exilwege sind aufgezeichnet in der Kartei dieses Mannes, der die ganze Zeit in seinem Haus inmitten seines Gartens saß!"

Hesse war ja ebenfalls ins Exil gegangen. Obwohl seine Bücher während des „Dritten Reiches" nicht verboten waren, war der Dichter den Machthabern des Nazi-Deutschland äußerst suspekt. So konnte sein 1942 beendeter Roman „Das Glasperlenspiel" trotz Bemühungen seines Freundes und Verlegers Peter Suhrkamp nicht mehr in Deutschland gedruckt werden. Für Hilde Domin und ihren Mann war Hermann Hesse ein Dichter, der das „gute" Deutschland verkörperte. Hesse gehörte seit ihrer Kindheit zur Lektüre. Und später im Exil, „als Deutschland für uns von der Landkarte gestrichen war, war Hermann Hesse nicht mitgestrichen worden". Und da man ihm sogar schreiben konnte und er auf Briefe auch antwortete, „war es fast, als sei Deutschland noch da". Hesse war für Palms während des Exils das „Fast-Zuhause", weil er „selber nicht ins Treiben geraten, sondern ein fester Punkt geblieben war, zu dem man mit Vertrauen hindenken konnte."

Nun saß Hilde Domin mit ihm und seiner Frau bei einer Tasse Tee und Kuchen in seinem Haus und unterhielt sich mit ihm über Deutschland und über das, was sie als „zweites Paradies" bezeichnete. Sie nannte ihm den Titel ihres im Entstehen begriffenen Erstlingswerk „Nur eine Rose als Stütze" und freute sich darüber, dass er sich mit dem „gefährlich schönen Titel", wie ihn Karl Krolow später einmal nennen sollte, anfreunden konnte und sie sogar bat, das zugehörige Gedicht zu zitieren. Es war eine denkwürdige Begegnung für die im literarischen Sinne noch ganz junge Dichterin mit dem 82-jährigen Nobelpreisträger, der trotz seiner äußerlichen Zerbrechlichkeit für sie noch etwas vom ganz jungen Hesse ausstrahlte.

Nach Abschluss der Arbeit am Manuskript für „Nur eine Rose als Stütze" kehrte Hilde Domin zurück nach Deutschland und übergab es dem S. Fischer Verlag für den Druck. Danach brachen Palms zu ihrem zweiten Spanienaufenthalt auf, wo Erwin Walter Palm seine Studien der spanischen Baugeschichte fortsetzte.

Noch während sie in Spanien waren, erschien im Herbst 1959 der erste Lyrikband Hilde Domins, der sofort viel Beachtung fand. Walter Jens widmete ihm in der ZEIT eine ganzseitige Besprechung. In vielen Zeitungen, auch im deutschsprachigen Ausland, wurde die Neuerscheinung der bisher unbekannten

Lyrikerin beachtet. Walter Jens erkannte in seiner Rezension wohl am genauesten, wo diese „neue" Lyrikerin einzuordnen war, nämlich „zu Nelly Sachs, Marie-Luise Kaschnitz, Ingeborg Bachmann, Christine Busta". Jens lobte an den Gedichten, dass sie „dem Sujet angemessen, schwebend und treffsicher, musikalisch und zupackend zugleich" sind. Und er war es, der in der Metapher der Rose die deutsche Sprache erkannte, die für Hilde Domin Halt und Stütze bedeutete. Indem er weiter urteilte: „Seltsam, die Spur der Meisterschaft in diesem Erstlingswerk", begründete er seine – längst bewahrheitete – Voraussage: „Wir werden von nun an mit ihr rechnen und auf sie zählen dürfen."

Hilde Domin hatte in ihren ersten Lyrikband Gedichte aus vier Schaffensperioden aufgenommen: Die ersten drei Gruppen – aus der Zeit des Exils, aus der Zeit nach ihrer Rückkehr nach Deutschland, aus Spanien – standen unter dem Titel „Aufbruch ohne Gewicht". Die vierte Gruppe umfasst die neuesten, in Frankfurt entstandenen Gedichte und bildet unter dem Titel „Nur eine Rose als Stütze" die umfangreichste. Die Frankfurter Gedichte thematisieren die biografische Zeit einer vorsichtigen, noch melancholisch eingefärbten Zuversicht in das „Wunder" und die „Gnade" eines Wieder-Heimisch-Seins. Zugleich sind sie Ausdruck allgemein menschlicher Erfahrungen, woraus sich erklärt, dass sie von so vielen und nun schon über Jahrzehnte hindurch verstanden und geliebt werden.

In dem Gedicht „Die schwersten Wege" heißt es:

116

*Die schwersten Wege*
*werden allein gegangen,*
*die Enttäuschung, der Verlust,*
*das Opfer,*
*sind einsam.*
*...*
*Und doch, wenn du lange gegangen bist,*
*bleibt das Wunder nicht aus,*
*weil das Wunder immer geschieht,*
*und weil wir ohne die Gnade*
*nicht leben können...*

Das Grundthema Dominscher Lyrik ist in ihrem ersten Gedichtband in weit gefächerter Form ausgebreitet: Das Wissen des Nicht-Heimisch-Seins als einer Grundsituation der menschlichen Existenz. Metaphern für diesen allgemeinen Erfahrungshorizont sind: Segel, Spinnweb, Hafen, Pass, Vogel, Atem, die Toten, Kahnfahrt, Wolken. Sie beinhalten gleichzeitig die Flüchtigkeit des Daseins in seiner steten Gefährdung und Verletzbarkeit. In der Gestaltung dieses „memento-mori" wird die hohe Kunst auch schon ihrer frühen Gedichte deutlich. Es ist erstaunlich, wie Hilde Domin Erfahrungen, die eigentlich zu dunklen Klageliedern werden müssten, in Verse von solcher Leichtigkeit zu fassen imstande ist.

Ein gutes Beispiel hierfür ist das folgende Gedicht:

*„Vogel Klage"*

*Ein Vogel ohne Füße ist die Klage,*
*kein Ast, keine Hand, kein Nest.*

*Ein Vogel, der sich wundfliegt*
*im Engen,*
*ein Vogel, der sich verliert*
*im Weiten,*
*ein Vogel, der ertrinkt*
*im Meer.*
*Ein Vogel*
*der ein Vogel ist,*
*der ein Stein ist,*
*der schreit.*

*Ein stummer Vogel,*
*den niemand hört.*

Ich verstehe die Aussage des Gedichts so, dass die Klage allein nutzlos ist, „ein Vogel, der sich wundfliegt". Deshalb auch ist sie etwas, was nicht gehört wird. Es muss etwas folgen auf die Klage, eine Antwort, eine Vision, eine Utopie. Das, was Hilde Domin die „Dennoch-Hoffnung" nennt. Und so formuliert sie es auch in einem anderen Zusammenhang (im Aufsatz „Unter Akrobaten und Vögeln"): „In noch etwas bin ich ein Sonderfall: Wenn alle es heute mit Kafka halten, der sagt, seine Taube sei heimgekehrt und habe ›nichts Grünes‹ gefunden, so sehen meine Gedichte mit aufgerissenen Augen, wie abgefressen alle Wiesen sind, wie leer die Äste. Wie es überall hohl ist. Und vor Schrecken fliegen sie dann so weit und so hoch, dass sie irgendwo doch noch ein – schon ganz durchsichtiges – Blau oder Grün erwischen. Wie wir es in Wahrheit doch alle immer wieder tun, denn sonst lebten wir nicht. Das Nur-Negative ist eine Attitüde."

Ein für mich besonders schönes Gedicht (neben dem Titelgedicht) steht ebenfalls in der vierten Gruppe. Ich halte es deshalb für so bedeutend, weil es sowohl die Poetik, die freilich erst später formuliert werden wird, als auch die Visionen Hilde Domins beinhaltet, obwohl der negativ formulierte Titel es nicht vermuten lässt. Es geht nicht um die Klage, sondern ums Zeugnis-Ablegen für das, was geschehen ist. Sie als letzte Zeugen der Verfolgung.

*Es kommen keine nach uns*

*Es kommen keine nach uns,*
*die es erzählen werden,*
*keine, die was wir*
*ungetan ließen*
*in die Hand nehmen und zu Ende tun.*
*...*
*Wenn wir uns umdrehn*
*und sehen, dass wir die letzten sind,*
*die Kinder und Kindeskinder derer die waren,*
*die Väter und Mütter*
*von niemand,*
*dass wir am Rande stehn,*
*auf einer Scholle fast,*
*die bald treiben wird,*

*Dann müssen wir*
*mehr als die andern*
*den Boden unter den Füßen fühlen,*
*während wir gehen, diesen kurzen Boden*
*von Morgen zu Abend.*
*...*

*Jedes Mal ist das letzte*
*oder könnte es sein.*
*Wir tun es für alle, die vor uns waren,*
*und für alle, die nach uns*
*es nicht tun*
*oder ganz anders.*

*Wir wollen nichts liegen lassen,*
*halbgetan*
*und die Gläser nicht halbgeleert*
*auf unserm Tisch den Gespenstern lassen.*
*Wir müssen genau sein*
*in der Minute des Flügelschlags.*
*Unser Gesicht nackt*
*ohne den Firnis*
*derer, die Zeit haben*
*sich zu gewöhnen und zu entwöhnen.*
*Wenn um unsre Balkone das Wasser steigt ...*
*Dann müssen wir bereit sein*
*– wie einer der aus dem Fenster springt –*
*die große Frage zu fragen*
*und die große Antwort zu hören.*

Das Besondere und Unverwechselbare Dominscher Lyrik ist, dass ihre Gedichte sich unmittelbar erschließen, weil sie Erlebtes, freudig und leidvoll Erfahrenes, kondensiert zu „eingefrorenen Augenblicken", die der Leser an jedem Ort und zu jeder Zeit für sich wieder „auftauen" und lebendig machen kann. Es handelt sich nie um eine Literatur, die für den schnellen Gebrauch und damit zur Wegwerfware geeignet ist. Ihre Dichtung ist, weil sie wahrhaftig benennt und der Zukunft verpflichtet ist, immer substanziell, dem Sein und dem Sinn verantwortlich, und ist doch nicht kryptisch und bedeutungsüberladen.

In der Tat geht es um eine so einfache Wahrheit: „Die große Frage zu fragen / und die große Antwort zu hören." Das verbindet den Autor mit dem Leser. Jeder Leser kann ein literarisches Werk anders und sogar immer wieder neu lesen, mit seinen jeweiligen Erfahrungen und in seiner jeweiligen Zeit. Grundsätzlich ist Literatur, die keine bloße Konsumliteratur ist, ein utopischer Charakter eigen. Denn, so sagt Hilde Domin: „Sie zeigt die Spannung zwischen dem, was ist, und dem, was sein könnte und sein sollte." Ebenso mobilisiert sie im Leser seine besten Kräfte, indem sie aufzeigt, was er aus sich machen könnte.

„Der Autor, der treue und unerschrockene Zeugenschaft seiner eigenen Erfahrungen gibt, spricht zugleich für die anderen mit, die vergleichbare Erfahrungen machen. Er muss nur, so weit wie möglich, an den Kern seiner Erfahrungen herankommen. Und ebenso spricht der Autor, der für seine Zeit zeugenhaft spricht, auch für andere Zeiten mit." Hilde Domin ist nicht nur die Poetin, sondern auch die analytische Denkerin in Sachen Dichtung. Darüber wird noch berichtet werden.

1959 war ein bedeutsames Jahr. Ihr erster Gedichtband war erschienen. Sie begann mit ihrem Roman „Das zweite Paradies". Und sie schrieb weiter Gedichte. Sie hielt sich mit ihrem Mann zum zweiten Mal in Spanien auf, als „Nur eine Rose als Stütze" erschien. Das Erscheinen ihres ersten Buches war deshalb für Hilde Domin noch gar nicht richtig wirklich. Seine Existenz wurde erst nach ihrer endgültigen Rückkehr nach Deutschland real. Gleichwohl knüpfte die Dichterin wichtige literarische Kontakte, indem sie ihren Gedichtband an Kollegen verschickte, so zum Beispiel an Hannah Arendt, die ihr sofort begeistert antwortete, und an Nelly Sachs, mit der daraus ein lebenslanger Briefwechsel und eine freundschaftliche Beziehung erwuchs. „Gewiß sind Sie die Hilde aus ›Rose aus Asche‹" schrieb ihr Nelly Sachs, denn sie kannte bereits das Buch von Erwin Walter Palm, welches er seiner Frau gewidmet hatte. Es war nur natürlich, dass Hilde Domin zu den beiden jüdischen Schriftstellerinnen, die ebenfalls vor dem Naziterror hatten fliehen müssen, Kontakt suchte. Die Dichtung von Nelly Sachs empfand sie zunächst als schwierig, als sie 1958 den Band „Sternverdunklung" las. Im Nachwort zu einer von ihr edierten Sammlung von Gedichten der Nelly Sachs (1977 im Suhrkamp Verlag) gesteht sie: „Die Worte waren mir viel zu groß, viel zu steil, das Ganze zu massiv, überhaupt nicht, was ich von Lyrik wollte." Das änderte sich schlagartig, als Hilde Domin im Januar 1960 die beiden Nachkriegszyklen las. Sie erkannte die gemeinsamen Wurzeln in ihrer beider Dichtung und fühlte sich als eine Schwester im Geiste. „Zerstöret nicht das Weltall der Worte", dichtete Nelly Sachs und: „O dass nicht einer Tod meine, wenn er Leben sagt." Hilde Domin betont immer wieder, dass es in der Dichtung um Wahrhaftigkeit gehe, um das wahrhaftige Benennen: „Jede kleinste Verschiebung zwischen dem Wort und der mit dem Wort gemeinten Wirklichkeit zerstört Orientierung und macht Wahrhaftigkeit von vornherein unmöglich. Niemand aber ist eine feinere Waage für die Worte als der Lyriker."

Domins erster Gedichtband stiftete noch eine Reihe von weiteren literarischen Verbindungen: zu Christine Busta, Christine Lavant, Karl Krolow, Heinrich Böll, Hans-Magnus Enzensberger. Ingeborg Bachmann und Günter Eich hatte sie bereits in Deutschland persönlich kennen gelernt.

Der zweite Aufenthalt in Spanien war wie auch schon der erste gekennzeichnet von einem Leben aus Koffern und in möblierten Zimmern. Die Palms lebten von Stipendium zu Stipendium. Neben ihren eigenen Arbeiten war Hilde Domin wieder als Mitarbeiterin ihres Mannes tätig. Seine Arbeit über „Die Baudenkmäler der Insel Hispaniola" wurde damals in Spanien als Buch gedruckt. Im Verlag Seix y Barral, in dem diese Pionierarbeit von Erwin Walter Palm erschien, brachte Hilde Domin Bölls Roman „Haus ohne Hüter" unter. Es war der erste deutsche Nachkriegsroman, der in Spanien erschien. Hilde Domin besorgte auch die Veröffentlichung von Gedichten Eichs und Enzensbergers in spanischen Zeitschriften.

Zum Wintersemester 1960/61 erhielt Erwin Walter Palm einen Ruf an die Heidelberger Universität. Man hatte für ihn eigens einen Lehrstuhl für iberische und ibero-amerikanische Kunst- und Kulturgeschichte geschaffen. Damit war die dritte – endgültige – Rückkehr nach Deutschland besiegelt. Die Odyssee um den halben Globus von Heidelberg nach Heidelberg fand nach beinahe dreißig Jahren ein Ende.

Wie sehr die endgültige Rückkehr nach Deutschland des Mutes bedurfte, lässt sich aus einem Gedichtzyklus ablesen, den Hilde Domin im Dezember 1960 noch in Madrid schrieb. Sein Titel lautet „Lieder zur Ermutigung". Im Winter 1959/60 hatten sich die ersten Friedhofsschändungen der Nachkriegszeit an jüdischen Friedhöfen im Rheinland ereignet. Hilde Domin war aufs tiefste davon betroffen. Sie schlug Günter Eich in einem Brief vor, er und alle Gleichsinnten mögen sich als Protest und zum Zeichen der Solidarität mit den geschändeten Toten den gelben Judenstern anstecken. Günter Eich antwortete, dass eine solche Aktion an der praktischen Durchführung scheitern würde. Hilde Domin zeigte sich betrübt ob dieser wahrscheinlich realistischen Einschätzung. Sie war doch zurückgekehrt nach Deutschland mit dem Glauben an den Menschen, auch daran, dass er sich bei einem so offensichtlichen Unrecht exponieren würde. Ihr Vertrauen erfuhr einen empfindlichen Rückschlag. „So hatte ich zwar ein solches Zutrauen zu dem neuen Deutschland, gleichzeitig aber fühlte ich mich in diesen Toten verfolgt."

In dem Gedicht II aus dem dreiteiligen Zyklus vergegenwärtigt die Dichterin sich noch einmal ihre leidvolle Vergangenheit während der Jahre der Verfolgung, entwirft dann aber in den Abschnitten drei und vier ihre „Dennoch-Hoffnung": dass über das Vertrauen, „dieses schwerste ABC", diesen Akt bewusster Überwindung von Furcht und Misstrauen, ein neues Zutrauen entsteht, versinnbildlicht in der Stadt Jerusalem, der alttestamentarisch verheißenen Stadt, in der keine Tränen mehr fließen. Die Stadt

„aus Nichts" kann nur entstehen, wenn das Ich mit „leeren hilflosen Händen" (wie es im Lied I heißt), durch ein auf *Nichts* begründbares Vertrauen den Glauben an den Menschen und an das Geschenk des Lebens zu bewahren imstande ist.

*Lied zur Ermutigung II*

*Lange wurdest du um die türelosen*
*Mauern der Stadt gejagt.*

*Du fliehst und streust*
*die verwirrten Namen der Dinge*
*hinter dich.*

*Vertrauen, dieses schwerste*
*ABC.*

*Ich mache ein kleines Zeichen*
*in die Luft,*
*unsichtbar,*
*wo die neue Stadt beginnt,*
*Jerusalem,*
*die goldene,*
*aus Nichts.*

Es handelt sich um ein Gedicht von äußerster Wichtigkeit. Das geht auch daraus hervor, dass Hilde Domin selbst sich später mehrfach mit diesem Gedicht auseinandergesetzt hat. Zuerst in ihrer Edition „Doppelinterpretationen" (1966), in der sie es interpretierte und dann während ihrer Frankfurter Poetikdozentur 1987/88.

In ihrer Eigen-Interpretation schreibt sie: „Daß es (das Gedicht; I.S.) die fatale Wirklichkeit formuliert, ohne sich zu drücken: die Vertrauenskrise, die Sprachkrise, die schon konstitutionell gewordene Verlogenheit, nach dem Zerbrechen der Zugehörigkeiten. Und dass aus dem Unlebbaren plötzlich etwas Lebbares auftaucht oder hingehalten wird, ein Trotzdem." Zu der Stadt Jerusalem sagt sie: „Jerusalem, das vieltorige, die offenen Tore, die einladende himmlische Stadt, Schutz, Heil, Unvertreibbarkeit. Also auch Vertrauen, Sprachvertrauen, Wahrheit … Diese ›Stadt aus Nichts‹, die ein einziger Mensch mit einem einzigen Atemzug errichtet, macht die Welt wieder bewohnbar, für das Ich und das Du, denn beide wohnen darin, seien sie nun derselbe oder zweie. Und mit ihnen jeder, der sie braucht."

Ihren Aufsatz „Hineingeboren" (1978), in dem sie über ihre Zugehörigkeit zum Judentum Auskunft gibt, schließt Hilde Domin mit den Gedanken an das „Vertrauen, dieses schwerste / ABC" und schreibt: „Solange wir atmen, müssen wir dies schwierige ABC neu buchstabieren. Täglich. Jeder von uns. Es ist der Atem selbst."

# Das zweite Paradies

*I*n ihrem einzigen Roman „Das zweite Paradies" beschreibt Hilde Domin die Rückkehr eines Paares nach Jahren im Exil in das Deutschland der Fünfzigerjahre. Die autobiografischen Bezüge sind unverkennbar. Thematisiert werden: Das erste Paradies während der Kindheit und der ersten nicht in Frage gestellten Liebe, die Vertreibung daraus und die Rückkehr in die Heimat und eine zweite bewusst gestaltete Partnerschaft als „zweites Paradies". Hilde Domin vollendete den Roman noch in Spanien, unmittelbar vor ihrer endgültigen Rückkehr nach Deutschland. Dieser Roman sollte ein eigenartiges Schicksal erfahren. Das fertig gestellte Manuskript lag viele Jahre lang im Lektorat des S. Fischer Verlages, ohne publiziert zu werden. Erst 1968 wurde es vom Piper Verlag veröffentlicht, allerdings nicht in der ursprünglichen Fassung, sondern „aktualisiert" und damit verfremdet durch die Montage von „Spiegel"-Zitaten aus den Jahren 1967 und 1968. Darüber werde ich später berichten.

Entscheidend ist die Entstehungszeit des Romans. Hilde Domin reflektiert in klarer Prosa das Gewesene und bereitet sich vor auf das Kommende: den Verlust des Zuhauses und dessen möglichen Wiedergewinn.

„Die Kontinuität scheint den weit Herausgeschleuderten das eigentlich Abenteuerliche. Leute, die immer durch die gleichen Straßen gegangen waren, ohne sich zu wundern, daß sie es taten, und in die eigenen Fußstapfen treten, Jahr um Jahr, Leute, für die das Zuhause etwas Selbstverständliches ist und die nicht wissen, dass es eine Leihgabe ist, schienen ihr manchmal so sonderbar, so jahrmarktreif wie ein Kalb mit zwei Köpfen."

Es geht um das Begreifen, dass das Zuhause stets etwas Verlierbares ist. „Jedes Ausgestoßenwerden in Fremde ist Geburt." Es wird der Versuch einer Wiedereingliederung beschrieben, die sich dann als „zweites Paradies" erweisen könnte: „Das zweite Paradies, weißt du. Es ist nicht weniger Paradies als das frühere. Wir müssen nur erst durch die Wirklichkeit hindurch." Allerdings besteht ein gravierender Unterschied zum ersten Paradies, das einem geschenkt wurde. Das zweite muss aktiv erworben werden. „Mutterland? Die Mütter waren tot. Vaterland? Die Väter waren tot. Niemand wartete zuhause. Wieso zuhause? Auch die Toten warteten nirgends. Das Zuhause ist, wo niemand wartet. Die Fremde ist, wo niemand wartet. Das Zuhause sind wir. Die Fremde sind wir. Wir erwarten uns. Jeden Morgen. Wir wissen es und wir denken es. Mit Hoffnung. Auch mit Angst."

Und es geht noch um eine weitere Form der Rückkehr, die nicht ein Zurück ist, sondern ein Nach-Vorn: Es geht um die Frau, die inzwischen einen eigenen Beruf hat. „Nichts lässt sich rückwärts drehen, das ist ein falscher Wunsch... Daß sie in der kritischen Zeit zu einem eigenen Beruf gekommen war und ihn verteidigte, hartnäckig verteidigte, war ein Signal."

In die alte Wirklichkeit zurückzukehren, ist nicht

möglich. Nur indem man die neue, eine verwandelte, Wirklichkeit anerkennt, kann ein neuer Anfang gesetzt werden. Diesen Bewusstseinsvorgang umschreibt Hilde Domin im Bild des Erwachsenwerdens. „Erwachsensein ist Nicht-Bekommen, was man will. Und es wissen und den Mangel einbauen … Erwachsensein ist Sehen wie das, was man in der Hand hält, etwas anderes wird. Und es nicht ändern können."

Und in das neue Zuhause nimmt man mit, was sich über die Zeiten im Exil als unverlierbar gezeigt hat: „Für mich ist die Sprache das Unverlierbare, nachdem alles andere sich als verlierbar erwiesen hat", schreibt Hilde Domin in dem Essay „Heimat". Diese Heimat ist nicht, wie Hans Magnus Enzensberger bei ihrer ersten Rückkehr nach Deutschland sagte, „nur eine Frage der Kulisse". Heimat ist für Hilde Domin das zweite Paradies, das es zu erschaffen gilt. „Zuhausesein, Hingehörendürfen, ist eben keine Frage der Kulisse. Oder auch des Wohlergehens. Es bedeutet, mitverantwortlich zu sein. Nicht nur Fremder sein. Sich einmischen können, nötigenfalls. Ein Mitspracherecht haben, das mitgeboren ist." Mit diesem Wunsch kehrte Hilde Domin im Januar 1961 endgültig in ihre Heimat zurück. Sie kehrte zurück in ihr „Mutterland", das Land ihrer Sprache. Und sie kehrte als Dichterin, mit ihrem neuen, „eigenen Beruf" zurück.

Und dann war es auch äußerlich plötzlich da, das Zuhause. Zum ersten Mal seit Verlassen des Exils in Santo Domingo konnte das Ehepaar Palm eine richtige Wohnung beziehen. Neun Jahre lang hatten sie mehr oder weniger nur aus Koffern gelebt, in möblierten Zimmern oder Wohnungen. Nun konnten sie in ein Haus einziehen, zu dem ein richtiger Garten gehörte und – was Hilde Domin am meisten aufregte – der erste eigene Briefkasten.

Einen Empfang besonderer Art erlebte sie, als sie den Briefkasten öffnete, noch bevor sie in die Wohnung eingezogen waren und eigentlich dort noch gar keine Post zu erwarten war. Es lag ein Brief darin, von einem Rosenzüchter, der ihr Buch „Nur eine Rose als Stütze" gelesen hatte und sie fragte, ob er ihr Rosenstöcke schicken dürfe.

Bei ihrer dritten und endgültigen Rückkehr bekam sie in Heidelberg, ihrer alten Universitätsstadt, im Hainsbachweg zum ersten Mal seit ihrer Kindheit „all die erstaunlichen Dinge, die die Menschen zu haben pflegen", eben die Dinge, die zu einem ordentlichen Zuhause gehören. Einen Teil der Möbel hatte sie noch in Madrid auf dem Flohmarkt, dem „Rastro", gekauft: zwei spanische Tische und bemalte valenzianische Bauernstühle aus dem 18. Jahrhundert, die sie noch heute besitzt. Und dann konnten auch endlich die an den verschiedensten Orten zurückgelassenen Koffer und Bücherkisten nachkommen, aus Madrid, Frankfurt, München und Santo Domingo. Allein die Bücher waren eine komplette Waggonladung voll.

Mit ihrer ersten richtigen Wohnung hatten die Palms, was die Lage betraf, großes Glück. „Die Bäume sind unübertrefflich gut um das Haus gruppiert und innen ist alles heiter. Auch eine Nachtigall ist da", schrieb sie im Mai an Günter Eich. Wenn man weiß, dass Hilde Domin Bäume und Tiere über alles liebt, versteht man ihre Freude, wie gut sie es getroffen hatten mit ihrem Heim, der ersten Wohnung, die keine Fluchtwohnung mehr war. Hier machte sie auch Bekanntschaft mit der ersten unbekannten Leserin ihres Gedichtbandes. Die Tochter der Nachbarin fragte sie ungläubig, ob es wahr wäre, dass sie Hilde Domin sei. Und dann sah Hilde Domin ihr Buch zum ersten Mal im Schaufenster einer Buchhandlung. Es war ein eigenartiges Gefühl. Noch war sie zu schüchtern, um hineinzugehen und sich vorzustellen. Die Gedichte waren noch etwas zu Persönliches, als dass sie sie von außen, als eine andere, betrachten konnte.

Dass dann ausgerechnet der Schwager Hitlers in die Mansardenwohnung des Hauses zog, war nur das erste böse Omen, dass auch diese Wohnung wieder einmal nicht zum Bleiben gedacht war. Hilde Domin war dort sehr viel krank. Es gab „Enttäuschungen und widerwärtige Erfahrungen", die letzten Endes alle Bewohner des Hauses zum Auszug zwangen. Kurz darauf wurden die herrlichen Kastanien abgehackt.

Und doch hatten die Palms Glück im Unglück. Eine Maklerin, die die Gedichte von Hilde Domin kannte, besorgte ihnen eine herrlich gelegene Wohnung im Graimbergweg, nur wenige hundert Meter vom Heidelberger Schloss entfernt. Es ist die Wohnung mit dem Turmzimmer und dem unvergleichlich schönen Blick auf die Altstadt und den Neckar, in der sie heute noch lebt. „Es ist die schönste, die wir je hatten", sagt Hilde Domin von dieser Wohnung in einer alten Villa aus rotem Sandstein, in der ich die Dichterin in den letzten zwanzig Jahren schon so oft besucht habe. Und auch heute, da sie schon fast vierzig Jahre dort wohnt, ist sie noch immer begeistert und lässt ihre Besucher an ihrer Begeisterung teilnehmen, wenn sie sie an die Fenster führt. Zu unterschiedlichen Tages- und Jahreszeiten hat Hilde Domin mir den Blick gezeigt auf den jenseits des Neckars gelegenen Gaisberg, auf die Kirchen St. Peter, Heilig-Geist und die Jesuitenkirche in der Altstadt unter ihr. Noch kürzlich zeigte sie mir den Neckar, der sich wie ein silbernes Band zum Horizont schlängelt, wo die Städte Mannheim und Ludwigshafen chimärenhaft zu sehen sind. Im Dunst ragen die Schornsteine auf. „Dieser Horizont gleicht von hier oben fast einer Küste", sagt sie, „und die Sonnenuntergänge sind wie an einem südlichen Meer."

Im Frühling liebt Hilde Domin besonders die „blühenden Bäume", von denen auch ihr Haus umgeben ist. Das schönste an ihrer Wohnung aber ist das Turmzimmer, ein Zimmer wie das der Annette von Droste-Hülshoff auf der Meersburg am Bodensee. „Es ist ein Zimmer, in dem man nie freiwillig auf das Leben verzichten würde", sagt die Dichterin. In einem Gedicht heißt es:

*Die blühenden Bäume*
*verlieren die Blüten nicht mehr*
*in dem ewigen Morgen.*

Wenn ich das Haus mit dem „Dichterturm" besuche, fallen mir jedes Mal ihre Verse aus dem Gedicht „Nur eine Rose als Stütze" ein: „Ich richte mir ein Zimmer ein in der Luft / unter den Akrobaten und Vögeln". Denn Hilde Domin wohnt so luftig, hoch oben, wie in einem Vogelnest in einem hohen Baum. Auch der Turm, in dem sich ihr Arbeitszimmer mit dem Schreibtisch befindet, hat nichts Festes an sich, wirkt fast transparent durch die vielen Fenster,

Ein Turm ist der Ort ihres Schaffens – aber es ist kein Elfenbeinturm, in dem sie sich vor der Welt verschließt. Die vier Fenster darin sind für sie das Wesentliche. Es sind für sie die Öffnungen zur Welt, zu den Mitmenschen, wie Start- und Landeplätze für den Vogelflug, zu dem liebsten Vogel, dem „Menschenvogel", wie sie sagt, für den sie ihre Gedichte schreibt. Ihr Herz schlägt dort für die Welt, eine Welt des Unrechts, der Verfolgungen und Demütigungen, gegen die zu kämpfen sie nicht müde wird:

> *... ein Vogel, der sich*
> *wundfliegt im Engen*
> *ein Vogel, der sich verliert*
> *im Weiten ...*

Wenn Hilde Domin von ihrem Turm, von ihrem endlich wiedergefundenen Zuhause nach den langen Jahren des Exils, zu den Menschen geht – und das tut sie auch heute noch sehr oft – dann ist sie die Ruferin, als die sie zurückgekommen ist. Sie fordert dazu auf, sich des Unrechts zu enthalten, Solidarität und Zivilcourage zu zeigen und sich aktiv gegen Unmenschlichkeit zur Wehr zu setzen.

Ihre anfängliche Schüchternheit (die man ihr heute kaum noch glauben kann) überwand Hilde Domin sehr rasch. Bereits im April 1961 hielt sie in ihrer Heimatstadt Köln ihre erste öffentliche Lesung im

Stadtkölnischen Museum und im November desselben Jahres eine weitere in den Kammerspielen in Hamburg. Von da an begann neben dem Schreiben eine regelmäßige Lese- und Vortragstätigkeit in ganz Deutschland.

Schon 1962 erschien der zweite Gedichtband „Rückkehr der Schiffe", eine Einheit von Gedichten, die zwischen 1959 und 1960 – zumeist in Spanien – entstanden waren. Einzelne von ihnen waren bereits vor Erscheinen des Bandes in Zeitungen erschienen: in der ZEIT, der Frankfurter Allgemeinen Zeitung, der Süddeutschen Zeitung, so dass die Dichterin einem größeren Publikum bekannt wurde.

Ein besonders schönes Gedicht in diesem Band ist für mich „Indischer Falter". Es ist ein gutes Beispiel für das, was Hilde Domin über ihre Gedichte sagt: Sie seien zugleich traditionell und doch modern, was besonders für die romanischen Lyriker gelte. „Die Schwierigkeit, zwischen Gefühl, dem legitimen, und Sentiment zu entscheiden, die daraus erwachsende Beklommenheit, entfällt bei mir wie bei allen Romanen." In der Tat kann man nicht nur auf dieses, sondern eigentlich auf alle Gedichte Domins das anwenden, was Erwin Walter Palm über die moderne spanische Poesie schrieb: „Das Bild wurde wieder Sprungbrett, war wieder das große Vielleicht, auf das man hinaufsteigen kann, um zu sehen, wie die Welt aussieht … Das Bild … wurde zum Ausweg in die poetische Wirklichkeit aus einer absurd begrenzten Welt: ein Mittel zur Freiheit … Der einzige Gegenstand dieser Dichtung ist der Mensch."

*Indischer Falter*

*Vielleicht sind wir nichts als*
*Schalen*
*womit der Augenblick*
*geschöpft wird*

*In einem alten Mann*
*der umfällt in Hamburg oder Manhattan*
*stirbt ein Schmetterling*
*die blauen Flügel öffnend*
*– seit dreißig Jahren,*
*in Angkor-Vath.*

*Vielleicht wird nichts verlangt*
*von uns*
*während wir hier sind,*
*als ein Gesicht*
*leuchten zu machen*
*bis es durchsichtig wird.*

*Und das Leuchten dieses einen Gesichts*
*aufzubewahren*
*wie der alte Mann*
*den Glanz seines indischen Falters.*
*Bis wir hingelegt werden*
*und alles für immer*

*erinnern – oder vergessen.*

Dieses Gedicht einer ungeheuren Bescheidenheit
ist nichtsdestoweniger Programm ihrer Poesie: für
eine Gesellschaft, die auf den Grundsätzen von

Mitmenschlichkeit, Vertrauen und Mitgefühl basiert. Die Bescheidenheit zeigt sich darin, dass es der Dichterin genug zu sein scheint, *ein* Gesicht leuchten zu machen. Die schwere Aufgabe aber besteht darin, es nicht nur leuchten zu lassen, sondern darin, dass man diese Bemühung so lange fortführen sollte, „bis es durchsichtig wird". Es ist derselbe Vorgang, den Hilde Domin sich überhaupt als Wirkung von Lyrik erhofft.

Ich habe sie natürlich auch gefragt, ob sie an eine Wirkung von Gedichten glaubt. Da ist sie in der Beurteilung vorsichtig. „Ich würde schon zufrieden sein", sagt sie, „wenn ich einen Menschen verändern könnte, und dann vielleicht noch einen und noch einen. Diese würden dann dazu beitragen, die Welt zu verändern."

Es wäre zu viel behauptet, dass Hilde Domin mit ihrer endgültigen Heimkehr nach Deutschland bereits in das „zweite Paradies" eingetreten ist. Ohnehin hat sie dieses Paradies ja charakterisiert als etwas, das man sich in einem Prozess erwerben muss. Aber es waren doch viele Voraussetzungen erfüllt, die eine Verwirklichung ihrer Träume und Hoffnungen in erreichbare Nähe rückten. Da war vor allem das Glück über die Möglichkeit einer autonomen Verwendung der deutschen Sprache. Es war – nach den Jahren einer „Sprachodyssee" – neben der Freude, die eigene Sprache sprechen und hören zu können, vor allem „die Freude, frei sagen zu können, was ich will, wie ich es will, frei zu atmen und den Sprachduktus in Übereinstimmung mit der eigenen Atemführung zu spüren", das heißt insbesondere für sie als Dichterin, als „Sprachhandwerkerin", die Souveränität, mit der sie mit der eigenen Sprache umgehen konnte. Natürlich hatte sie das auch vorher schon gekonnt. Aber nun wirkte ihre autarke Dichtung hinein in die Öffentlichkeit, wurde wahrgenommen und begeistert angenommen. Mit ihrem Künstlernamen „Domin" hatte sich die Dichterin bewusst absetzen wollen vom Namen Palm, dessen eigene Arbeiten nicht überlagert werden sollten durch die ihren. Ein interessantes Phänomen ist übrigens, dass Erwin Walter Palm, der früher auch selbst Gedichte geschrieben hatte, in dem Moment, als es die Dichterin Hilde Domin gab, mit dem Schreiben von eigenen Gedichten aufhörte. Seine Beschäftigung mit spanischen und lateinamerikanischen Lyrikern und deren Übersetzung ins Deutsche setzte er allerdings fort. Nach dem auch heute noch immer wieder neu aufgelegten Band „Rose aus Asche" erschienen weitere Bände, so zum Beispiel Übertragungen von Gedichten von Lope de Vega – unter dem Titel „Wir leben in zwei Zeiten" (1958) oder der Band „Zu Lande und zu Wasser", mit Gedichten von Rafael Alberti, zu dem Karl Krolow schrieb: „Palm verfügt neben der Kenntnis über die gehörige Sensibilität, um das, was an Rafael Alberti luftig, porös, kapriziös ist, in rechter Weise und mit der nötigen Leichtigkeit ins Deutsche zu bringen. Eine unvergleichliche, unmittelbare Frische, Lebhaftigkeit, Kantabilität dringt mit der Lichthaltigkeit, der Luftigkeit der Albertischen Gedichte auf uns ein." In der Zeitschrift „Akzente" meldete sich Palm mehrfach mit Abhandlungen über die moderne spanische Dichtung zu Wort. Als Professor der Kunstgeschichte konnte er nun auch an Studenten sein umfangreiches Wissen weitergeben. Der Schriftsteller Michael Buselmeier erinnert sich: „Seine Seminare waren exklusiv und ungewöhnlich lebendig. Ich saß unter seinen ersten Studenten, ohne von den Stationen seiner Lebensreise und der wiedergefundenen Heimat Genaueres zu wissen." Und weiter: „...beeindruckte der Polyhistor die Studenten nicht nur durch sein phänomenales interdisziplinäres Wissen, sondern ebenso durch die Begeisterung, mit der er stets sprach."

Die Bemerkung von Buselmeier, nichts Genaueres über das Schicksal von Palm gewusst zu haben, findet eine Entsprechung in der Erinnerung von Hans Bender, der Hilde Domin und ihren Mann bereits sehr früh kennen gelernt hat. Ich besuchte im Zusammenhang mit meinen Recherchen über Hilde Domin Hans Bender, den Mitbegründer und langjährigen Herausgeber der „Akzente", der bedeutendsten Literaturzeitschrift der Nachkriegszeit. Er erzählte mir, wie er mit beiden in seinem VW in den frühen Fünfzigerjahren das Neckartal heraufgefahren sei. Seltsamerweise habe auch er damals nicht viel gefragt nach ihren biografischen Stationen im Exil, als sei die Scheu angesichts der deutschen Schuld an den Juden noch zu groß gewesen, um das Gespräch auf dieses Thema zu lenken. Natürlich wurde über Literatur gesprochen. Bender erinnert sich noch gut an die Lebhaftigkeit der Dichterin und das mehr stille, aber sehr freundliche Wesen von Erwin Walter Palm. „Er war das genaue Gegenteil von ihr", erzählt er mir.

Im Hause Graimbergweg 5 hatte übrigens, wie Bender mir auch noch erzählte, im Dachgeschoss eine weitere beherrschende Figur des Literaturbetriebes der Fünfzigerjahre gewohnt: Walter Höllerer. In diesem Hause fand 1952 die schicksalsträchtige Begegnung zwischen Höllerer und Bender, dem Studenten der Germanistik, statt, aus der zwei Jahre später die gemeinsame Gründung der „Akzente" hervorgehen sollte.

Mit der Annahme des Lehrstuhls für iberische Kunst- und Kulturgeschichte an der Universität Heidelberg durch Erwin Walter Palm war ab Ende 1960 nun auch materielle Sicherheit für die Palms gegeben. Immerhin, man bedenke, dass zu diesem Zeitpunkt beide bereits fünfzig Jahre alt waren.

Hilde Domin stürzte sich mit wahrem Feuereifer in ihren neuen Beruf als freie Schriftstellerin. Die zahlreichen Lesungen vor einem stark anwachsenden Publikum trugen schnell zu immer größerer Popularität der Dichterin bei. Dabei kam ihr ihre ganz spezielle Begabung des Vortrags zugute. Fast von Beginn an machte sie es sich zur Angewohnheit, jedes Gedicht zweimal zu lesen. Mit ihrer hellen, klaren und festen Stimme pflanzte sie ihre wunderbar gewichtlosen, schwebenden Verse direkt in die Herzen ihrer Zuhörer. Und sie beantwortete im Anschluss an die Lesungen stets offen die verschiedensten Fragen. Der doppelte Vortrag ihrer oft hauchzarten Gedichte hatte und hat für die Zuhörer einen großen Vorteil. Durch das zweite Hören bleibt ihnen mehr Zeit, den sich nicht plakativ aufdrängenden Sinn hinter den Worten erfassen.

Hilde Domin sagt über ihre Lesetätigkeit, die ihr auch heute noch Lebenselixier ist: „Man ist unterwegs zum anrufbaren Menschen, der vorausgesetzt

ist, wie ja in jedem Gedicht die Anrufbarkeit vorausgesetzt ist, die durch das Gedicht gestiftet wird."

Ich selbst habe sie unzählige Male bei Lesungen
und Vorträgen erlebt, habe miterlebt, wie sich Jung
und Alt mitreißen lassen, wie der Funke überspringt,
wenn sie mit dieser enormen Lebendigkeit und
höchsten Intensität ihre Gedichte oder ihre Gedanken vorträgt, die fast immer die Themen behandeln:
Humanität, Zivilcourage, Mut zum Leben, Glauben
an den Menschen. Mühelos füllt sie große Säle, liebt
aber genauso den kleinen persönlichen Rahmen einer Galerie oder Buchhandlung, in der jeder Zuhörer
Blickkontakt zu der eindringlich Vortragenden hat.
„Das ist das Wunderbare bei Lesungen", erzählt sie
mir, „den Menschen in die Augen blicken zu können.
Es ist ein gegenseitiges Geben und Nehmen." Und
fügt hinzu: „Alles ist ja immer gegenseitig."

In ihrem zweiten Gedichtband, dessen Gedichte,
wie gesagt, alle noch vor der endgültigen Rückkehr
in die Heimat entstanden sind, herrschen natur-
gemäß die Themen auch ihres ersten Lyrikbandes
vor: Fremdsein, Wanderschaft, Exil, auch Traurigkeit und Trauer, aber eben auch schon Hoffnung
und Trost. Das Titel gebende Gedicht „Rückkehr
der Schiffe" steht als Letztes vor den „Lieder(n) zur
Ermutigung", die man als Epilog verstehen kann. Es
beginnt:

*Du hast alles fortgehen lassen*
*was dir gehörte.*
*Auch die Erwartung.*
*Abgewandt stieg sie aufs Schiff*
*ehe sich's löste aus deiner Bucht.*

Hier fasst die Dichterin noch einmal die Summe der Verluste zusammen, die selbst die Erwartung mit beinhalten. Doch sie formuliert auch eine vorsichtige Hoffnung in den Verszeilen: „Aber nichts stirbt ganz" und „Alles kann wiederkommen. / Nicht so. / Aber doch, auf seine Art, / wiederkommen." Und sie lässt das Gedicht enden in einer lichthellen Vision eines Neubeginns unter veränderten, besseren Bedingungen, ohne zu leugnen, dass die Verletzungen auch in diese Rückkehr mitgenommen werden. Die Schlussstrophe lautet:

*Nur dass Weite und Licht ist*
*in deiner unendlichen Brust*
*und sich alles versöhnt, bei seiner*
*Einfahrt in diese große Wunde*
*ohne Ränder, die*
*vollsteht mit einem süßen Wasser.*

Es fällt mir schwer, diesen Gedichtband nicht ausführlicher behandeln zu können. So viele wunderbare Gedichte befinden sich darin, die man lesen, lesen und noch mal lesen kann und dann noch einmal von vorne beginnen mit dem Lesen, dem Lauschen auf die Klänge, dem Sehen dieser einmaligen Bilder, die nur Hilde Domin in dieser Art geschaffen hat: „im Osterwind eines Lächelns" oder „Kirschblütensprache" oder „meine Füße zwei Tauben" oder „Im Weinkeller meiner Gedichte".

Ein letztes Gedicht möchte ich zitieren aus dem Band „Rückkehr der Schiffe". Es ist das Lied III der „Lieder zur Ermutigung", mit dem auch das Buch endet. Das Gedicht hat Hilde Domin ihrer Freundin

Nelly Sachs gewidmet – „für Li", wie sie von ihren Freunden genannt wurde.

*Diese Vögel*
*ohne Schmerzen,*
*diese leichtesten goldenen*
*Vögel*
*dahintreibend*
*über den Dächern.*
*...*
*Wir,*
*unter den Dächern,*
*uns anklammernd.*

*Sieh,*
*die Sonne kehrt*
*wieder*
*als goldener Rauch.*
*Die fallende steigt.*
*Steigt aus den Dächern Hiobs.*
*Es tagt*
*heute*
*zum zweiten Mal.*

Hilde Domin formuliert in diesen Versen noch einmal das Schicksal der „Dahintreibenden", also den aus ihrer Heimat Vertriebenen, das sie mit Nelly Sachs teilte. Aber sie entwirft eine tröstende Utopie im Bild der „steigenden", zum zweiten Mal aufgehenden Sonne, worin wiederum die von ihr geprägte Metapher des „zweiten Paradieses" zu verstehen ist. Diese Ermutigung möchte sie insbesondere ihrer Dichterfreundin zukommen lassen, die durch ihren ersten Besuch in Deutschland nach dem Holocaust, anlässlich der Entgegennahme des Droste-Preises in Meersburg im Mai 1960, wieder an Verfolgungswahn litt und sich in einer Heilanstalt in Schweden auskurieren musste. Als Hilde Domin ihr dieses Gedicht schickte, antwortete ihr Nelly Sachs: „So, genau so ist mir zumute." Sie war nach dem sie einerseits beglückenden, andererseits verstörenden Wiedersehen mit Deutschland inzwischen aus der Heilanstalt Beckomberga entlassen worden und fand sich in diesem verheißungsvollen Bild wieder. „Sie fand sich wieder in diesem Wunder des abendlichen Sonnenaufgangs über den Dächern Hiobs, also den ihren. ›Die fallende steigt‹. Es war wieder hell um sie geworden", erzählte Hilde Domin in ihrer Dank-rede zum Hölderlin-Preis 1992. Von Anfang an erkannten die beiden Dichterinnen ihre Wesensver-wandtschaft. „Austausch der Herzen", schrieb Nelly Sachs an Hilde Domin und nannte sie „liebe, liebe Schwester". Hilde Domin hat viel dazu beigetragen, dass die Dichtung von Nelly Sachs nicht nur als die einer „Alibi-Autorin" zur Reinwaschung der Schuld gegenüber den Juden benutzt wurde. Ihr lag daran, dass Sachs' Dichtung verstanden wird als Ausdruck eines universalen „Gefühls einer ersehnten, alles heilenden Helle".

In ihrem Essay „Unter Akrobaten und Vögeln" hat Hilde Domin die „Lieder zur Ermutigung" als „Umkehr meines Themas vom Verlust" bezeichnet und ausgeführt: „ ... das ›Geschenk‹, das zu halten schon die Hände fehlen. Ich weiß nicht, mit was man es dann annimmt. Nur dass es ein Äußerstes ist, ein Grenzglück, das zerbrechlichste."

In den Schlussversen des Gedichtbandes „Rückkehr der Schiffe" spiegelte sich das endgültige Ende des Exils:

*Es tagt*
*heute*
*zum zweiten Mal.*

Sie begreift dieses Paradoxon als Chance für ein mögliches „zweites Paradies".

# „Wozu Lyrik heute"

## Dichtung in Zeiten der Achtundsechziger

Mit ihrem dritten Gedichtband „Hier" kam Hilde Domin 1964 dann tatsächlich im Hier und Jetzt an. Die Gedichte dieses Bandes stammen – bis auf wenige Ausnahmen – aus den Jahren 1963/64. Joachim Günther schrieb in der Frankfurter Allgemeinen Zeitung zu diesem Lyrikband: „Sie (die früheren Gedichte; I.S.) haben ausgereicht, einen Namen in den vordersten Rängen zu konstituieren und eine nicht in einen Typus einschmelzbare dichterische Gestalt sichtbar zu machen."

Der Titel ist durchaus programmatisch zu verstehen. Hilde Domin war nicht nur im bundesrepublikanischen Alltag, sondern auch in dessen Literaturszene angelangt. Im selben Jahr wurde sie in den PEN gewählt.

Hatte sie ihrem ersten Gedichtband die surrealistisch anmutenden Verse „ich setzte den Fuß in die Luft, / und sie trug" als Motto beigegeben, so stellte sie in dem Band „Hier" den realistischeren Ausspruch von Pico della Mirandola, dem italienischen Philosophen und Humanisten aus dem 15. Jahrhundert, voran: „Den Kopf hochzuhalten ist das Merkmal des Menschseins."

Dieser realistische Blickwinkel bestimmt auch den Inhalt der neuen Gedichte. Den Auftakt bildet das poetologische Gedicht „Lyrik", in dem Hilde Domin sich selbst Rechenschaft gibt über das, was Lyrik ist und was sie zu leisten vermag.

*Lyrik*

*das Nichtwort*

*ausgespannt*

*zwischen*

*Wort und Wort.*

Es ist wahrscheinlich kein Zufall, dass sich diese poetische Reflexion über das Wesen von Lyrik in diesem Band, quasi einem Motto gleich, befindet. Die dichtungstheoretischen Überlegungen, die in den von Hilde Domin edierten „Doppelinterpretationen" 1966 und als umfangreiche Lyriktheorie unter dem Titel „Wozu Lyrik heute" 1968 erscheinen sollten, sind hier bereits vorweggenommen.

Für Hilde Domin gilt noch immer, dass ihr „Hier" wesentlich in der Sprache beheimatet ist. Denn die Verletzungen und Beschädigungen sowie das äußerlich beendete Exil sind nicht ausradiert, sondern nach innen gewendet, auch als Erfahrung – so könnte man im folgenden Gedicht das Adjektiv „unverlierbar" verstehen:

*Silence and exile*

*Unverlierbares Exil*
*du trägst es bei dir*
*du schlüpfst hinein*
*gefaltetes Labyrinth*
*Wüste*
*einsteckbar.*

Es handelt sich um das fünfte der „Fünf Ausrei-
selieder", dessen erstes das Titelgedicht „Hier" ist.
Aus diesem Gedicht erfahren wir die Realität ihres
Hierseins am genauesten, wenn es in der Schlussstrophe heißt:

*Die Sonne*
*blaß wie ein Mond*
*scheint auch hier*
*in diesem Land*
*wo wir das Fremdsein*
*zu Ende kosten.*

Was für ein Gegensatz zu den beinahe euphorischen
Bildern vom „goldenen Rauch" und der „goldenen"
Stadt Jerusalem des vorangegangenen Bandes.

Doch Hilde Domin ist Realistin, und deshalb
lügt sie sich nicht das „zweite Paradies" herbei. Sie
weiß, dass eine solche Utopie immer nur am Horizont aufscheint. Aber sie weiß und sagt auch, dass
Gedichte von Hause aus utopischen Charakter besitzen. Im Gedicht geht es um Wahrheit, nicht um
Schönfärberei. So sagte schon Ingeborg Bachmann
in ihrer Rede zur Verleihung des Hörspielpreises der
Kriegsblinden 1959: „So kann es auch nicht Aufgabe des Schriftstellers sein, den Schmerz zu leugnen,
seine Spuren zu verwischen, über ihn hinwegzu-
täuschen. Er muss ihn, im Gegenteil, wahrmachen
und noch einmal, damit wir ihn sehen können,
wahrmachen … Innerhalb der Grenzen aber haben
wir den Blick gerichtet auf das Vollkommene, das
Unmögliche, Unerreichbare, sei es in der Liebe, der
Freiheit oder jeder reinen Größe. Im Widerspiel des

Unmöglichen mit dem Möglichen erweitern wir unsere Möglichkeiten. Daß wir es erzeugen, dieses Spannungsverhältnis, an dem wir wachsen, darauf, meine ich, kommt es an: daß wir uns orientieren an einem Ziel, das freilich, wenn wir uns nähern, sich noch einmal entfernt."

In eben diesem Sinne einer Bewegung auf das Ziel hin könnte man die Platzierung des Gedichts „Ars longa" an letzter Stelle im Gedichtband „Hier" verstehen.

*Der Atem*
*in einer Vogelkehle*
*der Atem der Luft*
*in den Zweigen.*

*Das Wort*
*wie der Wind selbst*
*sein heiliger Atem*
*geht es aus und ein.*

*Immer findet der Atem*
*Zweige*
*Wolken*
*Vogelkehlen.*

*Immer das Wort*
*das heilige Wort*
*einen Mund.*

Ein typisches Domin-Gedicht. Federleicht. Das was Karl Krolow an ihren Gedichten „arielisch" nannte. Eben nicht das „Nichtwort – Lyrik", sondern einzig das Wort, und immer wieder das Wort, das für Hilde Domin immer ein heiliges, ein über sich selbst hinausweisendes, auch ein heilendes, ist. Denn dieses, „das heilige Wort", findet einen Mund im Dichter, der es trotzig, als „Dennoch", der Welt entgegenhält. Der Vogel, diese häufig bei Hilde Domin anzutreffende Metapher steht für den Menschen und insbesondere für den Dichter oder auch, wie im Gedicht „Nicht müde werden", für das Wunder, von dem zu sprechen sich Hilde Domin nicht scheut.

In ihrer Römerbergrede, gehalten in Frankfurt am Main am 19.5.1978, der sie den Titel gab: „Humanität bei Lebzeiten – eine Utopie?", erklärte die Dichterin, was sie mit diesem Wunder meint: „Das ›Wunder‹, ein im Lichte der Vernunft – um es mit Spinoza zu sagen – mögliches Wunder, für das hier Bereitschaft verlangt wird, besteht für mich darin, nicht im Stich zu lassen. Sich nicht und andere nicht. Und nicht im Stich gelassen zu werden. Das ist die Mindest-Utopie, ohne die es sich nicht lohnt, Mensch zu sein."

So verstanden, könnte sich diese Utopie erfüllen, von der ein anderes Gedicht spricht und das Hilde Domin auch immer wieder gerne bei Lesungen vorträgt.

*Irgendwann*

*...*
*Es wird sein von immer zu immer*
*wie die Tränen gleich sind auf allen Gesichtern*
*durch die Kontinente, die Jahrhunderte,*
*wenn es kommt*

*dieses Lächeln*
*gleich hell auf allen Gesichtern*
*aller Hautfarben*
*dieses Einverständnis*
*ist und wird gleich sein*
*immer*
*das Lächeln*
*der Verzicht.*

In der Tat: Hilde Domin wird nicht müde, ihren Traum von einer menschlichen Gesellschaft zu verkünden, eben einer „Humanität bei Lebzeiten". Und sie will daran mitwirken, diesen Traum zu verwirklichen, wie sie es in einem weiteren programmatischen Gedicht des Bandes verkündet:

*Salva nos*

*...*

*Dies ist unsere Freiheit*
*die richtigen Namen nennend*
*furchtlos*
*mit der kleinen Stimme*

*einander rufend*
*mit der kleinen Stimme*
*das Verschlingende beim Namen nennen*
*mit nichts als unserm Atem*

*salva nos ex ore leonis*
*den Rachen offen halten*
*in dem zu wohnen*
*nicht unsere Wahl ist.*

Ihr ist bewusst, dass der Dichter nur mit einer „kleine Stimme" reden kann. Umso gewaltiger der Vorsatz, „den Rachen offen (zu) halten"! Und zwar durch das furchtlose und genaue Benennen von dem, was gemeinhin gern unter den Teppich gekehrt wird durch ein falsches Benennen, z. B. „Schutzhaft" für Gefängnis oder „Sonderbehandlung" für Mord.

Hilde Domin beruft sich dabei auf den chinesischen Philosophen Konfuzius (den sie später auch direkt in einem Gedicht benennt): „Wenn die Sprache nicht stimmt, so ist das, was gesagt wird, nicht das, was gemeint ist. Ist das, was gesagt wird, nicht das, was gemeint ist, so kommen die Werke nicht zustande; kommen die Werke nicht zustande, so gedeihen Moral und Kunst nicht, so trifft die Justiz nicht; trifft die Justiz nicht, so weiß das Volk nicht, wohin Hand und Fuß setzen. Also dulde man keine Willkür in den Worten. Das ist alles, worauf es ankommt."

Hilde Domin ist auch in ihrer Dichtkunst Moralistin in höchstem Maße, nur dass ihre Gedichte dennoch hoch poetisch sind und nicht etwa zum Lehrgedicht verkommen. Sie ist immer zugleich auf dem „Trapez der Lüfte", indem sie Gegensätzliches im Gedicht vereint: beinahe kindliches Glauben und Staunen und zugleich nüchternes Feststellen, dennoch Hoffen trotz des offenen Löwenrachens, „in dem zu wohnen nicht unsere Wahl ist".

Man muss sich die Zeit vergegenwärtigen, in die Hilde Domin ihre Gedichte hineinsandte gleich Vögeln oder Schmetterlingen, als zarte Gebilde, die dennoch gehört wurden, obwohl die Zeiten dafür schlecht waren. Noch immer galt ja das Adorno-

Verdikt, demzufolge es eine Barbarei sei, nach Auschwitz Gedichte zu schreiben. Andererseits war die Jugend im Aufbruch, suchte nach anderen, neuen Wegen. Die Hippiebewegung war Ausdruck der Rebellion gegen die starren Muster einer rein materialistisch geprägten Gesellschaft. Zeitkritik und die Abrechnung mit der „Vätergeneration" dominieren. Es herrscht eine Umbruchstimmung, die sich in den „Achtundsechzigern" in Massendemonstrationen und anschließend auch in Gewalt äußern wird.

Wohl aus dem Gespür heraus, dass die dichterische Stimme tatsächlich zu „klein", zu „leise" ist, um in einer solchen Zeit des Umbruchs genügend Bedeutung zu erlangen, startet Hilde Domin ein ganz und gar ungewöhnliches Projekt. Etwas, was bisher noch nie da gewesen ist. Sie führt dreißig zeitgenössische Autoren und dreißig Kritiker zu sogenannten „Doppelinterpretationen" zusammen. Sie, die hätte Verteidigerin werden wollen, hätte sie das Jurastudium zu Ende geführt, macht sich auf, die Poesie zu verteidigen, ihr zu ihrem legitimen Recht zu verhelfen.

*Wer es könnte*

*Wer es könnte*
*die Welt*
*hochwerfen*
*dass der Wind*
*hindurchfährt.*

Ein so absurd erscheinendes Vorhaben scheint Hilde Domin noch am ehesten der Poesie zuzutrauen.

1966 erschien der Band „Doppelinterpretationen. Das zeitgenössische deutsche Gedicht zwischen Autor und Leser", wurde sofort ein großer Erfolg – die erste Auflage war innerhalb von nur drei Monaten vergriffen – und bewies im Nachhinein, wie richtig die Initiatorin dieses einmaligen Experiments lag.

In einer umfangreichen Einleitung erklärt die Herausgeberin das Arbeitsprinzip und stellt bereits in diesem Band poetologische Grundsatzüberlegungen an, die sie später in „Wozu Lyrik heute" zu einer eigenständigen und umfangreichen Lyriktheorie ausbaut. Die Autoren konnten ein oder mehrere Gedichte zur Verfügung stellen, die sie für typisch oder wesentlich in ihrem Werk hielten. Und die Interpreten konnten sich frei für jeweils ein Gedicht ihrer Wahl entscheiden. Selbst- und Fremdinterpret erfuhren erst nach beendeter Arbeit voneinander. So wurde eine unbeeinflusste Interpretation gewährleistet. Die Herausgeberin war nur für den Plan, die Methode und die Durchführung dieser „Verabredung bei einem Gedicht" verantwortlich. Die Auswahl sollte so objektiv und so breit wie möglich sein, wobei alle vernehmbaren Richtungen zu Wort kommen sollten, von einer Naturlyrik Günter Eichs und Peter Huchels bis zu Sprachexperimentatoren wie Helmut Heißenbüttel und Franz Mon. Richard Exner schrieb in seiner Besprechung vom 23. 9. 1966 in der ZEIT: „Es handelt sich um den Versuch, das moderne Gedicht von innen und außen vor einem breiten Publikum zu beleuchten, die Leser teilnehmen zu lassen am Akt des Interpretierens selbst."

Nicht nur die Interpretationen, sondern besonders auch der kenntnisreiche Essay Hilde Domins über das Gedicht „als selbständiges und unantastbares Lebewesen", wie es die Herausgeberin bezeichnet, machen diese in jeder Hinsicht außergewöhnliche Anthologie zu einem Lese- und Erfahrungserlebnis besonderer Art. Hilde Domin erweist sich als kompetente Kennerin der zeitgenössischen literarischen Strömungen. Sie baut ihre poetologischen Reflexionen auf Gewährsleuten wie Brecht und Enzensberger, T.S. Eliot und Adorno, Benn und Gadamer auf.

„Dieses Buch will dem Verständnis des zeitgenössischen deutschen Gedichtes dienen, und zwar konkret, am Einzelbeispiel", schreibt Hilde Domin. Unter den Lyrikern befinden sich, um nur einige Namen zu nennen: Ingeborg Bachmann, Erich Fried, Günter Grass, Marie-Luise Kaschnitz, Peter Rühmkorf und Ernst Meister. Zu den Interpreten zählen u.a. Hans Mayer, Hans-Georg Gadamer, Benno von Wiese und Werner Ross.

Bereits bei seinem Erscheinen erlangte dieser ungewöhnliche Band eine ungeheuer breite Resonanz. Mehr als fünfzig Besprechungen in in- und ausländischen Publikationsorganen und im Funk zeugen vom Interesse und Respekt für dieses einmalige Projekt. Die aktuellen Absatzzahlen liegen zur Zeit knapp unter 100 Tausend. Ein im Lyrikbereich unvergleichlicher Vorgang!

Noch einmal muss man sich in diesem Zusammenhang den zeitgeschichtlichen Hintergrund in Erinnerung rufen. 1964 hatten die USA den Vietnamkrieg begonnen. Im selben Jahr trat der Philosoph Herbert Marcuse auf dem Heidelberger Soziologentag auf und leitete insbesondere bei der studentischen Linken den Kurs der Politisierung des

Alltags ein. Er verkündete das „Ende der Kunstperiode", indem er dazu aufforderte, „die Kunst in Praxis aufzuheben und das zu leben, wovon die Dichter nur zu träumen wagen".

1965 bildete sich die Große Koalition, die bei vielen Schriftstellern Unbehagen auslöste und sie nach einem Regierungswechsel rufen ließ. Es begann der historische Einschnitt des Endes der Nachkriegsepoche. Auch in der Literatur: 1966 zerfiel die „Gruppe 47", die die deutsche Nachkriegsliteratur entscheidend beeinflusst hatte.

Über diese Zeit zog Hilde Domin 1970 im Nachwort einer weiteren von ihr herausgegebenen Anthologie mit dem Titel „Nachkrieg und Unfrieden" Bilanz: „In den letzten Jahren, spätestens seit 1965/66, mit der zunehmenden Re-Ideologisierung – Ideologie war vor kurzem noch ein Schimpfwort, wir waren stolz darauf, ideologiefrei zu sein –, begann Politik die Literatur und mehr als alles die Lyrik enger und enger in die Zange zu nehmen. Und zwar von innen und von außen. Einerseits, indem das Interesse sich von Literatur ab- und der politischen Diskussion (und Agitation) zugewandt hat. Andererseits, indem Politik als Thema, geradezu als Pflichtübung, die Lyrik von innen her aushöhlt: weil Politik plötzlich als das einzig legitime oder zumindest aussichtsreiche Thema erscheint."

Tatsächlich rüstete die studentische Linke zum Kampf. 1967 kam es zu Protesten beim Schahbesuch in Berlin. Benno Ohnesorg wurde erschossen. Ebenso Che Guevara. 1968 geschah das Attentat auf Rudi Dutschke. In Paris kam es zu massiven Studentenkrawallen. Und auch in der Bundesrepublik

Deutschland gab es in allen größeren Städten Studentendemonstrationen. Vielleicht war es da kein Wunder, dass Hans Magnus Enzensberger im zu trauriger Berühmtheit gelangten Kursbuch 15 im November 1968 quasi den Tod der Literatur verkündete, als er befand: „Für literarische Kunstwerke lässt sich eine wesentliche gesellschaftliche Funktion in unserer Lage nicht angeben." Die Literatur, die sich seit dem Kriegsende gerade von der „Erstickung durch Hitler" erholt hatte, und ganz besonders die Lyrik, kam damals in ihre schwerste Existenzkrise.

Mit Gedichten auf die Barrikaden zu gehen, wie es die so genannten Kampftexte – kurz KT genannt – taten, hielt Hilde Domin für gefährlich. Ihrer Auffassung zufolge widersetzt sich das Gedicht grundsätzlich jeder Ideologie: „Thematische Programmierung aber, gleichgültig welcher Art, macht unfrei und ist poesiefeindlich."

In die berühmt-berüchtigte Zeit der „68er" hinein schrieb Hilde Domin ihre Streitschrift „Wozu Lyrik heute", die den bezeichnenden Untertitel trug „Dichtung und Leser in der gesteuerten Gesellschaft". Es war jene Zeit, in der es verpönt war, Gedichte zu schreiben, was fast einem Verbot gleichkam, (übrigens eine singuläre bundesdeutsche Erscheinung) hatte doch Enzensberger verkündet: „Das Gedicht ist überflüssig geworden. Umso besser für das Gedicht."

In dieser theoretischen Schrift beweist Hilde Domin eine detaillierte Kenntnis kulturhistorischer und soziologisch-politischer Zusammenhänge, die sie mit einem hohen Maß an Analyse und Abstraktion zu einer systematischen Poetik aufbaut. Bereits mit dem Erscheinen des Bandes auf der Höhe der Zeit und der Poetik-Diskussion, erwies sich die Richtigkeit ihrer Analysen noch im Nachhinein durch mehrfache Neuauflagen des Buches. Bei ihrer Poetik-Dozentur im WS 1987/88 konnte sie die bereits 1968 formulierten Erkenntnisse an eine inzwischen zahlreiche, interessierte und begeisterte Zuhörerschaft weitergeben. Heute, fast 40 Jahre nach diesen mutigen Ausführungen, solide und sorgfältig belegt und systematisch zu einer respektablen Theorie ausgebaut, bedarf es dieses damaligen Plädoyers für die Lyrik nicht mehr. Paul Konrad Kurz sah schon 1968 darin „die bedeutendste Aussage über Lyrik von deutscher Seite, weit über Benn hinaus den heutigen gesellschaftlichen Raum bedenkend".

Hilde Domin hat eine erstaunliche Doppelbegabung. Sie ist einerseits die sensible Wahrnehmerin von Vorgängen innerer und äußerer Natur, die sie in Dichtung umzusetzen vermag. Andererseits ist sie die scharfe Analytikerin, die dialektische Denkerin. Obwohl sie selbst einmal den Prozess des Schreibens als schizophrenen Vorgang bezeichnet hat, kommen sich diese beiden Anlagen nie in die Quere. So ist es erstaunlich, dass in ihren Gedichten trotz des intellektuellen Bewusstseins über die „Materie" Lyrik nichts davon zu spüren ist. Die Dominschen Gedichte sind getragen von ihren Erfahrungen. Man erkennt darin die hohe Authentizität und Wahrhaftigkeit. Nicht Rückzug in eine Innerlichkeit, aber auch nicht das Kommunizieren um jeden Preis (das In-Sein) sind bei Hilde Domin angesagt.

„Es gibt vielerlei Elfenbeintürme. Nicht nur die weltferne Innerlichkeit, auch die Ideologie kann ein

Elfenbeinturm sein." Das gerade zeichnet die Dichterin aus, dass sie sich nie von irgendeiner Ideologie hat vereinnahmen lassen, aber trotzdem eine engagierte Zeitgenossin ist. Mit ihren Versen möchte sie im Leser Menschlichkeit mobilisieren und Zivilcourage, damit wenigstens die Schwelle der Manipulierbarkeit höher gelegt werde. Sie ist die geborene Einmischerin: „Ich will ein Gedicht / das schreit / sowie einer vorübergeht." Und so war es für sie unmöglich, zu schweigen nach ihrer Rückkehr, nach dem Unrecht, das am jüdischen Volk begangen worden war, auch wenn Adorno gesagt hatte: „Nach Auschwitz ein Gedicht zu schreiben, ist barbarisch und unmöglich." Hilde Domin sagt dazu in ihrer Poetik-Dozentur: „Ein Satz, so beeindruckend wie verkehrt – kaum totzukriegen. Nicht mal vom Autor selbst, der von ihm abgerückt ist, ihn 1966 ausdrücklich als falsch erklärt." In seiner Studie „Negative Dialektik" hatte Adorno erklärt: „Das perennierende Leiden hat soviel Anrecht auf Ausdruck wie der Gemarterte zu brüllen; darum mag es falsch gewesen sein, nach Auschwitz ließe kein Gedicht mehr sich schreiben." Nichtsdestoweniger fuhr er in dem Essay fort: „Jahre später als jene Stelle geschrieben ward, hat Auschwitz das Misslingen der Kultur unwiderleglich bewiesen ... Alle Kultur nach Auschwitz, samt der dringlichen Kritik daran, ist Müll ... Kein vom Hohen getöntes Wort, auch kein theologisches, hat unverwandelt nach Auschwitz ein Recht."

Dem hielt Hilde Domin entgegen: „Nein, nicht trotz, sondern wegen Auschwitz waren Gedichte nötig und nötiger denn je." Denn, so sagt sie: „Das

Wort ist seiner Natur nach Wort des Lebens … weil Dichtung, noch die widerständige, noch die negative, von einem Ja lebt, dem Ja ihres Glaubens an die Fortdauer des Menschseins und an die Fortdauer des befreienden Worts."

In unserem Gespräch über dieses mutige Plädoyer für die Poesie in ihrem Band „Wozu Lyrik heute" fasst Hilde Domin ihre damalige Intention folgendermaßen zusammen: „Ich war und bin der Überzeugung, dass die Poesie in entscheidendem Maße zur Identität, zum wahrhaftigen Benennen der Wirklichkeit und damit auch zur Möglichkeit des Einzelnen zum Widerstand befähigt. Ich denke, der Einzelne muss erst ein Ich sein. Erst dann kann er sich entscheiden, zu welchem Wir er sich bekennt. Wer gleich mit dem Wir anfängt, läuft Gefahr, ein Mitläufer zu sein. Ich glaube, man muss erst erkennen, worum es einem geht, um sich für etwas entscheiden zu können." Darin stimme sie mit der Auffassung Enzensbergers überein, der gesagt hatte, Lyrik sei ein Training in Wahrhaftigkeit.

Aus der Zeit der Studentenrevolte erzählt sie mir von einem Vorfall, der ihren Mann außerordentlich geschmerzt hat. Erwin Walter Palm war bei seinen Studenten sehr beliebt. Sie konnten die Palms auch privat besuchen. Und dann passierte es, dass dieselben Studenten, die noch am Abend zuvor mit ihnen zusammen gegessen hatten, ihn am nächsten Morgen in der Universität nicht grüßten. Leichenblass sei er nach Hause gekommen und habe ihr davon berichtet. Das war merkwürdigerweise die erste Diskriminierung in seinem Leben. Hilde Domin fühlte sich in gleicher Weise betroffen und war regelrecht geschockt. „Damals waren ja die Professoren die Juden", sagt sie und fährt fort: „Dieses Erlebnis hat mir beigebracht, wie schnell Kritik in Mitläufertum übergeht. Es bestand ja kein äußerer Zwang, auch keine Überwachung, die ein solches Handeln rechtfertigen konnten. Ich erkannte, wie wenig nötig ist, dass einer sich lieber drückt, als dass er Mut zeigt und sich nicht dem Gruppenzwang beugt."

Deshalb sprach Hilde Domin in ihrer Lyriktheorie vom „Höherlegen der Schwelle der Manipulierbarkeit" durch die Lyrik. Und das zu einer Zeit, von der Enzensberger kurz darauf sagte: „Als wir 1968 auf die Straße gingen, hatten wir keine Gedichtbände in der Hand, sondern Analysen und Steine."

Ohne Steine in die Hand zu nehmen, wohl aber mit einer auf Analyse begründeten Poetik, die den Lyriker in komplexe Verbindung zur Gesellschaft bringt, indem sie auch soziologische und philosophische Aspekte in ihre Theorie mit einbezieht, unternimmt Hilde Domin, geschult im dialektischen Denken, basierend auf ihren eigenen Erfahrungen als Lyrikerin, in ihrer Streitschrift oder auch „Flugschrift", wie sie ihre zweihundertseitige Lyriktheorie nannte, einen außergewöhnlichen Versuch. Joachim Günther formulierte dazu in seiner Rezension recht drastisch, das Buch wolle „die angedrohte Hinrichtung der Poesie noch im letzten Augenblick verhindern und das Messer des Henkers gleichsam über dem Hals des Opfers aufhalten".

In ihrer Lyriktheorie prägte Hilde Domin einige Begriffe, die richtungweisend waren und bis auf den heutigen Tag geblieben sind. Da ist vom Gedicht als „magischer Gebrauchsartikel" die Rede. Gemeint ist damit ein Gebrauchsmittel, das sich nicht abnutzt durch den Gebrauch und das sich dem Einfügen in die „gesteuerte Gesellschaft" verweigert. Es ist „etwas wie ein Schuh, der sich dem Fuß anpasst, der ohne ihn den Weg in das Ungangbare nicht gehen könnte, den Weg zu jenen Augenblicken, in denen der Mensch wirklich identisch ist mit sich selbst". Eine weitere glückliche Formulierung ist die von der „unspezifischen Genauigkeit" der Poesie. Hilde Domin versteht darunter eine spezifisch poetische Genauigkeit, die in der Kunst des Weglassens, des Einsparens besteht, und dadurch die unvollendete, unbeleuchtete Seite des Worts mitschwingen lässt. Erst dadurch erhält ein Gedicht Virulenz und macht den Dichter zur vox clamans, die durch den Mut zum Rufen den Glauben an die Anrufbarkeit impliziert. Der Lyriker mit seinem sensiblen Gespür für Sprache widersetzt sich grundsätzlich der Konformität, oder sollte es in Hilde Domins Augen zumindest tun, und kann damit gegen „die Verwandlung des Menschen in den Apparat" beitragen.

Die profunde Arbeit ist zu komplex, um in diesem Rahmen ausführlich dargelegt werden zu können. Wichtig scheint mir, dass die Theorie sich auch an Hand von Hilde Domins Gedichten überprüfen lässt. Nicht nur in ihren Gedichten, sondern in ihrem Leben überhaupt. Wenn einer von Wahrhaftigkeit in Bezug auf das Gedicht spricht, sein Leben aber anders lebt, so ist auch sein Werk nicht unbedingt glaubwürdig. Der Dennoch-Mensch Hilde Domin bezeichnet folgerichtig auch das Gedicht als „eine Sache des ›Trotzdem‹. Sie macht sich das Postulat des Dichters Wystan Hugh Auden zu eigen, der von der Dichtung forderte, sie müsse dazu da sein, „Hass zu verlernen und Liebe zu lehren". In Domins Worten klingt das so: „Lyrik lädt uns ein zu der einfachsten und schwierigsten aller Begegnungen, der Begegnung mit uns selbst ... Sie verbindet uns wieder mit dem Teil unseres Seins, der nicht angetastet ist von den Kompromissen ... Durch das Nadelöhr seines Ich muss er hindurch ins Allgemeine ... Deshalb erfüllt jedes Gedicht, das Sprache erneuert und lebendig hält, eine Funktion für alle, denn es hilft, die Wirklichkeit, die sich unablässig entziehende, benennbar und gestaltbar zu machen", indem es die Menschen dazu aufruft, dass sie „Partei ergreifen, wo neutral zu sein Unmenschlichkeit ist".

Nicht nur mit ihren Gedichten und Essays mischte sich Hilde Domin in öffentliche und literarische Debatten ein, sondern auf den jährlichen PEN-Tagungen, bei Forumsgesprächen, bei zahllosen Literatursymposien im In- und Ausland meldete sie sich mit ihrer unmissverständlich geäußerten Meinung zu Wort, deren Hauptanliegen die Wahrhaftigkeit des Worts und die gelebte Humanität sind. Ganz so, wie sie es bereits im Vorwort zu „Wozu Lyrik heute" formuliert hatte, dass sie mit ihren Ausführungen versuchen wolle aufzuzeigen, „ob und inwieweit Freiheit für uns noch in Rufweite ist ... die Frage nach der Freiheit, die identisch ist mit der Frage nach der Möglichkeit von Lyrik und Kunst überhaupt ... dass die Grundhaltung dieser Arbeit – die einer streitbaren, eine letzte Sphäre der Freiheit behauptenden humanitas – in einen weltweiten Zusammenhang integriert".

# „Damit es anders anfängt zwischen uns allen"

D as Motto dieses Kapitels entstammt dem Gedicht „Abel steh auf" aus Hilde Domins viertem Gedichtband „Ich will dich", der 1970 im Piper Verlag herauskam. Dieses Gedicht, so hat die Dichterin gesagt, „bildet die Summe meines gesamten Schaffens".

In unseren Gesprächen hat sie immer wieder betont, dass dies ihr wichtigstes Gedicht sei, das sie bei keiner Lesung zu lesen versäumt. „Das Schreiben ist ein Geschenk, welches einem grundlos und zweckfrei zuteil wird. Ich sehe es als verpflichtendes Geschenk an, als Gnade", sagt sie zu mir und ergänzt: „Dass ich das Abel-Gedicht schrieb, das empfinde ich als Gnade. Ich bin dankbar, dass ich es schreiben konnte." Und leise, aber bestimmt, fügt sie hinzu: „Ich halte es für mein letztes Wort."

In der Tat ist dieses Gedicht in seinem hoffnungsvollen und utopischen Charakter eines möglichen „zweiten Paradieses" kaum zu überbieten: Könnte die Untat von Kain ungeschehen gemacht werden, indem der getötete Bruder Abel wieder aufsteht, als sei kein Brudermord geschehen? Die Dichterin räumt Kain eine „zweite Chance" ein, bei der er sagen kann: „Ja, ich bin hier, ich, dein Bruder."

Dieser Aufruf zum Neuanfang, basierend auf einem Grundvertrauen in dies Leben und dem Glauben an das Gute im Menschen – entgegen aller leidvollen Erfahrung und auf nichts begründet als einer liebevollen Hinwendung zum Nächsten –, diese Dennoch-Hoffnung ist ein Spezifikum der Dominschen Lyrik und ihrer gesamten Poetologie. Für Hilde Domin gibt es zwei Hauptgebote, die alle anderen einschließen, beide untrennbar miteinander verbunden: das wahrhaftige Benennen und die Liebe, Liebe als Umkehr der Worte Kains: „Bin ich der Hüter meines Bruders?"

*Abel steh auf*

*Abel steh auf*
*es muß neu gespielt werden*
*täglich muß es neu gespielt werden*
*täglich muß die Antwort noch vor uns sein*
*die Antwort muß ja sein können*
*wenn du nicht aufstehst Abel*
*wie soll die Antwort*
*diese einzig wichtige Antwort*
*sich je verändern*
*wir können alle Kirchen schließen*
*und alle Gesetzbücher abschaffen*
*in allen Sprachen der Erde*
*wenn du nur aufstehst*
*und es rückgängig machst*
*die erste falsche Antwort*
*auf die einzige Frage*
*auf die es ankommt*
*steh auf*
*damit Kain sagt*
*damit er es sagen kann*
*Ich bin dein Hüter*

*Bruder*
*wie sollte ich nicht dein Hüter sein*
*Täglich steh auf*
*damit wir es vor uns haben*
*dies Ja ich bin hier*
*ich*
*dein Bruder*

*Damit die Kinder Abels*
*sich nicht mehr fürchten*
*weil Kain nicht Kain wird*
*Ich schreibe dies*
*ich ein Kind Abels*
*und fürchte mich täglich*
*vor der Antwort*
*die Luft in meiner Lunge wird weniger*
*wie ich auf die Antwort warte*

*Abel steh auf*
*damit es anders anfängt*
*zwischen uns allen*

*Die Feuer die brennen*
*das Feuer das brennt auf der Erde*
*soll das Feuer von Abel sein*

*Und am Schwanz der Raketen*
*sollen die Feuer von Abel sein*

Bestechend klar und präzise, in einer schwebend empfindsamen Sprache formulieren die Verse von Hilde Domin Postulate reiner Menschlichkeit, die niemals leichtsprecherische Utopie sind, ebenso wenig jemals Klagegesang, sondern immer Appelle unbeirrbarer Art, die da heißen: Verliert den Mut nicht, verliert den Glauben an den Mitmenschen nicht, vermehrt den Hass nicht, habt Vertrauen. Trotzdem! Dennoch! Drückt euch nicht vor der Verantwortung!

Dann, und nur dann, besteht die Möglichkeit, dass „es anders anfängt zwischen uns allen", dass auch im Zeitalter der Raketentechnik die Feuer nicht die der Zerstörung sind, sondern ein brüderliches Miteinander möglich wird, wenn jeder Einzelne täglich neu sich der Verantwortung stellt, sich einzusetzen für seinen Nächsten, ihm kein Leid, kein Unrecht anzutun, ihn liebt wie sich selbst, wie es bei Paulus im Römerbrief heißt. Das beinhaltet die Gleichwertigkeit aller Menschen, die auch das Grundgesetz garantiert, ohne das – wie Hilde Domin einmal erzählt hat – sie jahrelang nicht aus dem Haus gegangen ist, als sie bereits wieder in Deutschland lebte.

Was dieses und auch viele andere Gedichte Hilde Domins wollen und im günstigen Fall auch zu leisten vermögen, das hat sie selbst in ihrem „Offenen Brief an Nelly Sachs" bereits 1966 formuliert: „Lyrik ist ein großes Glockenläuten: damit alle aufhorchen. Damit in einem jeden das aufhorcht, das nicht einem Zweck dient, das nicht verfälscht ist durch Kompromisse. Und das gilt für das verzweifelte Gedicht, und noch für das negative und das ›ärgerliche‹ Gedicht: Es ist ein Glockenläuten. In Wahrheit gibt es kein Gedicht ›gegen‹, das nicht zugleich, und weit mehr, auch ein Gedicht ›für‹ wäre: Anrufung von Helfern, um gemeinsam etwas Unlebbares zu überkommen. Und darin besteht die Katharsis: in einem letzten Glauben an den Menschen, ohne den Lyrik nicht ist. Lyrik wendet sich an die Unschuld eines jeden, an das Beste in ihm: seine Freiheit, er selber zu sein...Nur das Ich kann das ›Du‹ des Nächsten sein und seines Bruders Hüter. Seines Bruders Hüter. Dies große Versäumnis!"

Ihr, die als Jüdin exemplarisch erfahren hat, wie ein Mensch bedroht wird, zum Opfer wird und von einem Augenblick zum nächsten zur Hilflosigkeit verurteilt wird, ist das Hauptanliegen die Verteidigung der Menschenwürde, „das Unverlierbare, ohne das Leben sinnlos ist".

In dem Gedicht „Graue Zeiten" aus demselben Band „Ich will dich" beschreibt Hilde Domin dieses Schreckensszenario einer unmenschlichen Gesellschaft:

...
*Menschen wie wir wir unter ihnen,*
*Menschen wie ihr ihr unter ihnen*
*jeder*

*kann ausgezogen werden*
*und nackt gemacht*
*die nackten Menschenpuppen*

*nackter als Tierleiber*
*unter den Kleidern*
*der Leib der Opfer*
...

Sechs Jahre waren seit dem Erscheinen ihres vorangegangenen Gedichtbandes vergangen. Dazwischen hatte sich Hilde Domin intensiv mit ihrer Poetik beschäftigt. Und sie hatte für das Erscheinen ihres Romans „Das zweite Paradies" diesen in einen beklemmenden Zeitkontext gestellt durch eine ursprünglich nicht vorgesehene Montagetechnik – die Einblendung in Fraktur gesetzter wortgetreuer Auszüge aus dem „SPIEGEL" (April 1967 – Mai 1968). Dadurch sollte der utopische Charakter der Romanaussage „in die Distanz des Absurden gerückt" (Klappentext) werden. Der Roman erschien 1968 im Piper-Verlag.

Vergleicht man die beiden Ausgaben, die von 1968 (mit den „SPIEGEL"-Zitaten) und die erst 1986 in ihrer ursprünglichen Fassung erschienene, so kann man feststellen, dass die Auswahl der Zitate und der Kontext, in den sie eingefügt wurden, sehr wohl eine bestimmte Wirkung auf die Gesamtrezeption haben. Wie nicht anders zu erwarten bei einer so kritischen und politisch aufgeweckten Person wie Hilde Domin, gelingt es ihr, durch diesen Verfremdungseffekt – dem modernen Theater vergleichbar – eine hintergründige Zeitkritik an einerseits reaktionären Tendenzen (Wiedererstarken nationaler Kräfte, insbesondere eine Zunahme der NPD-Wählerschaft) und andererseits an libertinären Tendenzen der Prä-Achtundsechziger – in Kontrast zu setzen zum privaten Schicksal der Protagonisten.

Von größerer Allgemeingültigkeit aber sind ihre Gedichte, die sie in der Zeit zwischen 1966 und 1969 schrieb und in der Sammlung „Ich will dich" 1970 vorlegte. Sie sind geradewegs eine Fortführung der theoretischen Reflexionen in den „Doppelinterpretationen" und in „Wozu Lyrik heute" – mit dichterischen Mitteln. Es finden sich unter den zweiundzwanzig Texten einige programmatische Gedichte, die man als eine Spiegelung der gesellschaftlichen Entwicklung in diesen späten Sechzigerjahren lesen kann – und als Antwort darauf.

Da ist zunächst das Titelgedicht, in dem Freiheit, diese wichtigste Bedingung der menschlichen Gesellschaft, angemahnt und gleichzeitig vor dem leichtfertigen, oberflächlichen Gebrauch des Wortes gewarnt wird.

In dem Gedicht bezieht sich Hilde Domin auch ausdrücklich auf ihre poetologischen Ausführungen über das genaue Benennen als eine der Grundvoraussetzungen der Lyrik.

*Ich will dich*

*Freiheit*
*ich will dich*
*aufrauhen mit Schmirgelpapier*
*du geleckte*

*(die ich meine*
*meine*
*unsere*
*Freiheit von und zu)*
*Modefratz*

*Du wirst geleckt*
*mit Zungenspitzen*
*bis du ganz rund bist*
*Kugel*
*auf allen Tüchern*

*Freiheit Wort*
*das ich aufrauhen will*
*ich will dich mit Glassplittern spicken*
*dass man dich schwer auf die Zunge nimmt*
*und du niemandes Ball bist*

*Dich*
*und andere*
*Worte möchte ich mit Glassplittern spicken*
*wie es Konfuzius befiehlt*
*der alte Chinese*

*Die Eckenschale sagt er*
*muß*
*Ecken haben*
*sagt er*
*Oder der Staat geht zugrunde*

*Nichts weiter sagt er*
*ist vonnöten*
*Nennt*
*das Runde rund*
*und das Eckige eckig*

Freiheit, auf dem Umschlag als Friedensvogel symbolisiert – gezeichnet von HAP Grieshaber – ist ein immer neu bedrohtes Gut, das man nur erhält und aufrecht erhalten kann, indem man sie nicht leichthin oder agitatorisch auf die Zunge nimmt, sondern „mit Glassplittern spickt". Ihr Gegenpol ist der Unfrieden oder Krieg, auf der Rückseite des Gedichtbandes dargestellt in einem Trümmerphoto mit der Schrift „ich will Dich nicht".

Der zeitgeschichtliche Horizont ist die Zeit der Studentenrevolten, in denen manches freiheitliche Vokabular zum „Modefratz" verkam. Hilde Domin erlebte diese Zeit als eine Zeit großer Unduldsamkeit, geradezu einer „Rehabilitierung der Intoleranz". In ihrer Römerbergrede ging sie mit diesen politischen Vorstellungen und Praktiken ins Gericht, bei denen Intoleranz „zum erstenmal seit den Nazis wieder zur staatsbürgerlichen Tugend" erhoben wurde.

Und sie beklagte weiter: „Mit der Verdächtigung der Toleranz und des Vertrauens wurde auch die Sprache verdächtig, bis in die Grammatik hinein. Sie wurde zu einem Mittel des Betrugs, der Übervorteilung, kurz zur ›Sprache der Herrschenden‹ erklärt. Die Diskussionen, Forderung der Stunde, waren hasserfüllt und entarteten zum Meinungsterror. Kritik glitt ab in ein gespenstisches, ganz im Abstrakten sich austobendes Kreuzfahrertum. Freiwillig und ohne Zwang von oben schufen sich die Intellektuellen ein quasi-totalitäres Klima."

Und genau das war es, was Hilde Domin in „Wozu Lyrik heute" mit dem von ihr geprägten Wort „Vorauskonformismus" kritisierte. Dass sich jemand ohne Not den Verhältnissen, politischen und gesellschaftlichen, anpasst, um in einer Art vorauseilendem Gehorsam auch morgen schon „in" zu sein.

Gegen einen derartigen Missbrauch seiner Freiheit helfen in Hilde Domins Augen keine Parolen, kein noch so gut gemeinter Agitprop, sondern viel einfachere und bescheidenere Visionen, die immer und zunächst beim Ich beginnen sollten, wie sie es in einem Gedicht beschreibt:

*Kleine Buchstaben*
*genaue*
*damit die Worte leise kommen*
*...*

*man merkt nicht wie sie eintreten*
*durch die Poren*
*Schweiß der nach innen rinnt*
*Angst*
*meine*
*unsere*
*und das Dennoch jedes Buchstabens*

Da ist es wieder, das Dennoch der Dichterin Hilde Domin. Nicht nur im Wort, sondern sogar in jedem Buchstaben soll es sein. Denn es erfordert Mut, dreifachen Mut, den sie für jeden, für den Lyriker aber ganz besonders, für unverzichtbar hält: den Mut, er selbst zu sein, den Mut des wahrhaftigen Benennens und den Mut, an die Anrufbarkeit des Menschen zu glauben.

Denn sonst ist keine Kommunikation möglich. Hilde Domin zitiert in diesem Zusammenhang Sartre mit dem Satz: „Das Versagen der Kommunikation ist der Anfang aller Gewalttätigkeit ... Wo die Mitteilung aufhört, da bleibt nichts als Prügeln, Verbrennen, Aufhängen."

Deshalb ist es gerade ihr, die das Umlügen von Begriffen mit seinen entsetzlichen Folgen erlebt hat, verständlicherweise besonders wichtig, offen und gewissenhaft zur Sprache zu bringen, was passiert.

Was Hilde Domin in ihrer Poetik über Freiheit schreibt, lässt die in Dialektik geschulte Soziologin erkennen und verrät ein hohes Maß an Abstraktion. Gadamer, Adorno, Benjamin, Sartre, Marcuse, Gehlen und Lukács werden herangezogen sowie die Lyrik-Theoretiker Benn, Brecht und Enzensberger. In ihrer Theorie wie in ihren Gedichten geht es Hilde Domin um die Verteidigung der Freiheit des Individuums gegen die Einverleibung in ein System durch das Aufrechterhalten und ständige Überprüfen des eigenen Urteils.

„Jede Wirklichkeit, die aus dem besteht, was übrigbleibt, wenn man die kränkenden und ›unannehmbaren‹ Zwangsläufigkeiten ausklammert, ist eine ›falsche‹, und wird von der ›richtigen‹, die sich verleugnen, aber leider nicht abschaffen läßt, früher oder später überführt. Kunst vor allem lässt sich nicht aus der falschen Wirklichkeit heraus machen. Kunst ist eine Sache des Muts: auch und gerade des Muts zum Bestehen gefährdeter Existenz."

Spürt man einmal diesen Gedanken nach, so wird verständlich, weshalb Hilde Domin mit dieser Leidenschaft und Leidensfähigkeit die Kunst als eine Praxis in Wahrhaftigkeit verteidigt und im Bewusstsein verankern möchte. Man kann Leid und Schuld nicht leugnen oder unter den Teppich kehren. Irgendwann kommen sie hervor und melden ihre Ansprüche an. „Der Zwang zum Selbstbetrug führt nur tiefer in die Unfreiheit. Und also weg von der Kunst und weg von Leben", schreibt Hilde Domin. Damit wird ersichtlich, dass es für sie die Trennung nicht gibt zwischen Kunst und Leben. Und das ist es, was der Leser spürt in ihren Gedichten und weshalb jeder auf seine Weise sich die Gedichte zu eigen machen kann.

Freiheit darf weder ein „Modefratz" werden,

noch so lange „geleckt" werden, bis sie schön und gefällig rund wie eine Kugel und jedermanns Ball ist. Dann wäre das Individuum schon mitten im Machtapparat angekommen und korrumpiert. Es muss sich vielmehr den Verführungen der Macht und der Rückversicherung über „Vorder-, Hinter-, Nebenmänner" widersetzen.

„Die Rückzugslinie auf das Bollwerk der Freiheit, die Sachlichkeit, ist deutlich vorgezeichnet", schreibt Hilde Domin in ihrer Lyriktheorie. „Es ist der Rückzug in die Stillzone möglicher Verantwortlichkeit: also der Freiheit, nicht nur ›von‹, sondern ›zu‹. Und also der Wahrhaftigkeit der Schreibenden wie der Lesenden, der unverlogenen Orientierung in der Wirklichkeit. Und der unverlogenen Orientierung in der Kunst."

Wie ein Seismograph zeichnet sie Wirklichkeit auf, die sich stets verändernde, sich stets entziehende, um sie für einen Atemzug zu konservieren, für diesen Moment des Innehaltens, in dem der Mensch zu sich selbst kommen kann. „Im Dichter kommt die Menschheit zur Besinnung und zur Sprache", sagt Jean Paul, „darum weckt er sie wieder leicht im andern auf."

In einem weiteren stark appellativen Gedicht der Sammlung „Ich will dich", wiederum eingeleitet durch ein „ich will", bringt Hilde Domin ein ihr wichtiges Kriterium von Freiheit und Humanität ins Spiel, das sie, ihrer Poetik des Dennoch und ihrem unverdrossenen Glauben an die Mit-Menschlichkeit gemäß, dem Gedicht zutraut. Es ist der dritte Teil aus der Gedicht-Trilogie „Drei Arten Gedichte aufzuschreiben":

*Ich will einen Streifen Papier*
*so groß wie ich*
*ein Meter sechzig*
*darauf ein Gedicht*
*das schreit*
*sowie einer vorübergeht*
*schreit in schwarzen Buchstaben*
*das etwas Unmögliches verlangt*
*Zivilcourage zum Beispiel*
*diesen Mut den kein Tier hat*

*Mit-Schmerz zum Beispiel*
*Solidarität statt Herde*
*Fremd-Worte*
*heimisch zu machen im Tun*

Zivilcourage ist für Hilde Domin eine Tugend, die sie nicht müde wird anzumahnen. Sie beinhaltet für sie zunächst den Mut zu sich selbst und zum eigenen Urteil sowie den Mut sich einzumischen, nicht wegzusehen bei Unrecht oder auch schon die „kleine Zivilcourage" zu praktizieren, die darin besteht, nicht unter allen Umständen „in" zu sein innerhalb einer Gruppe. „Wenn man das von sich verlangt und das übt, dann wird es in den wichtigen Augenblicken des Lebens möglich sein, den Nächsten nicht zu verraten. Und sich selbst nicht zu verraten. Denn Verrat und Selbstverrat sind identisch. Mitläufertum ist immer auch Verzicht auf Selbstachtung", so schreibt sie in ihrem Essay „Zivilcourage: ein Fremdwort".

Zwei weitere Tugenden mahnt sie in dem Gedicht an: Solidarität und „Mit-Schmerz", dieses von ihr neu geschaffene Wort. Mehr als das übliche „Mitleid", welches eher eine Geste des „von oben herab" kennzeichnet, beinhaltet „Mit-Schmerz" für Hilde Domin echte Identifikation mit dem Opfer, mit dem Leidenden.

„Solidarität statt Herde" – Hilde Domin weiß, wovon sie spricht. Ohne Solidarität, also tätige Hilfe von anderen, so hat sie immer wieder betont, hätten sie und ihr Mann das Naziregime nicht überlebt. Viele allerdings bewegten sich lieber in der Herde, aus Furcht und mangelnder Zivilcourage. Hilde Domin sieht dabei kein grundsätzlich anderes Verhalten, ob es zur Nazizeit oder in Zeiten des Klassenkampfes oder auch nur während der Zeit der Achtundsechziger geschah, in denen eine Zweiteilung von Menschen vorgenommen wurde. „Jede solche Zweiteilung ist das Unmenschentum an sich", sagt sie.

In dem Band „Ich will dich" finden sich die meisten öffentlichen Gedichte Hilde Domins. In einigen Gedichten nimmt sie auch gezielt zu politischen Themen Stellung, so in „Nach dem Fernsehbericht: Napalm-Lazarett" und „Abschaffung des Befehlsnotstandes. Perspektive". Dennoch wendet sich Hilde Domin gegen eine „Lyrik als politische Pflichtübung". Es schien ihr verdächtig und wenig glaubwürdig für den Lyriker, der über eine besondere Sensibilität *allem* Unrecht gegenüber verfügen sollte, dass damals ausschließlich Gedichte gegen den Vietnamkrieg geschrieben wurden, aber kein einziges Gedicht gegen den Genozid in Biafra, kein Gedicht gegen die gewaltsame militärische Niederschlagung des Prager Frühlings und keine Gedichtzeile für Kambodscha. Hilde Domin ist auch da noch politisch engagiert in ihren Gedichten, wenn es nicht um konkrete Ereignisse geht. Denn sie bedenkt immer das Allgemeine im besonderen Einzelfall. So bekennt sie: „Ich halte mich für radikal engagiert, ich bin ein politischer Mensch, vom Scheitel bis zur Sohle. Dafür hat das Schicksal gesorgt, darin ist keinerlei Verdienst. Meine Gedichte sind ein Aufruf zur Verantwortungsbereitschaft. Verantwortung muss immer neu mobilisiert werden."

Nach Auschwitz verantwortlich mit Sprache, mit den Worten, ja mit jedem einzelnen Wort umzugehen, dazu ist die Dichterin Hilde Domin in besonderem Maße berufen. Die Vergangenheit der Nazidiktatur und des Holocaust sind immer mitgedacht, auch in den Ängsten der Gegenwart, die Hilde Domin hauptsächlich in der Gefahr einer Übertechnisierung und „der Verwandlung des Menschen in den Apparat" am Werke sieht. Deshalb ergeht in dem Gedicht „Abschaffung des Befehlsnotstandes", das von einer mit Tauben betriebenen Hinrichtungsfabrik handelt, in der Schlussstrophe ein für Hilde Domin so typischer Mahnruf, ähnlich dem „Abel steh auf":

*Friß das Korn nicht Bruder Taube*
*Kains Korn*
*picke nicht*
*auf den Hebel*
*scharfäugige*
*mit deinem schillernden Hals*

Immer geht es um den Widerstand, nicht zum willfährigen Täter am Fließband zu werden, um nicht auch selbst auf dem Fließband – diese Metapher verwendet Domin in „Befehlsnotstand" und in „Das ist es nicht" – über den „großen Trichter" in die Grube befördert zu werden:

*Sagte nicht einer*
*Dies und dies Volk*
*›ist es gewohnt gefoltert zu werden‹*

Im Gedicht befindet sich eine weitere zynische, an Menschenverachtung kaum zu überbietende Bemerkung eines Nazischergen:

*Auf dem großen Trichter*
*auf dem wir alle hinuntermüssen*
*seid ihr nur näher unten*
*ich bin noch weiter oben am Rand*
*sagte ein Aufseher im KZ*
*zu noch lebenden Menschen*
*Menschen die ihre Grube gruben*
*vor der Erschießung er der Schießende*
*…*

Unter öffentlichen Gedichten versteht Hilde Domin nicht bloße „lyrische Aufbereitung von Tagesnotizen". Ihr ist es wichtig, dass der Lyriker von dem, was er als politisches oder öffentliches Gedicht verfasst, erfasst ist, und zwar aufs Äußerste, bis zu einem: Ich kann nicht anders!

Zu dieser Thematik nimmt Hilde Domin im Nachwort der ebenfalls 1970 erschienenen, von ihr edierten Anthologie „Nachkrieg und Unfrieden" ausführlich Stellung. Sie schreibt dort: „Nur was ihm (dem Lyriker; I.S.) ›auf der Haut brennt‹, wird

178

andern ›auf der Haut brennen‹. Das politische Gedicht, wie jedes Gedicht, ist daher so virulent, wie es als ›Gedicht‹ virulent ist."

In dem bis dahin noch nie gemachten Unternehmen einer Anthologie, in der Tolstois Roman-Titel umformuliert wird in „Nachkrieg und Unfrieden. Gedichte als Index 1945-1970", hatte Hilde Domin die Autoren aufgefordert, den Anlass beziehungsweise die politische Aufregung, die sie zum Verfassen des abgedruckten Gedichts veranlasst hatte, mitzuteilen. So entstand ein Kaleidoskop politisch motivierter Gedichte von der unmittelbaren Nachkriegszeit bis zum Jahre 1970 und damit ein wichtiges Zeitdokument. 1995 erschien eine um die nachfolgenden fünfundzwanzig Jahre erweiterte Neuausgabe, die dann auch die Zeit der alten und der neuen Bundesrepublik – nach der Wiedervereinigung – mit Gedichten vieler junger Lyriker widerspiegelt. Diese Sammlung aus fünfzig Jahren gibt in ihrer chronologischen Anordnung eine Kurve des geistigen und politischen Klimas in der Bundesrepublik in ihren Erwartungen, Hoffnungen und Enttäuschungen wieder. Und auch dieses Buch ist wieder ein typisch Dominsches, in dem sie mit ihrem Anliegen, die Existenzberechtigung der Lyrik nachzuweisen, mit dem Strom (dem politischen Gedicht) gegen den Strom (die Politisierung) schwimmt. Entstanden ist ein eminent politisches Buch. Angestrebt wurde keine museale Textsammlung, vielmehr eine virulente, die fortwirkt. Mit der ihr eigenen temperamentvollen Emphase setzt sich Hilde Domin für das Gedicht ein. Skeptischer als Brecht, der sagte, Lyrik solle die Wirklichkeit verändern, aber zuversichtlicher als Benn, der der Ansicht war, Lyrik sei folgenlos, setzt sie ihren Glauben, dass Gedichte, auch politische Gedichte, wenn sie modellhaft Erfahrungen ausdrücken, Aufrufe sind gegen Verfügbarkeit und Gleichgültigkeit. Sie können beim Leser, der die Erfahrungen im Gedicht für sich nachvollzieht, einen höheren Freiheitsgrad zum eigenen Urteil bewirken. An einem Gedicht von Günter Eich aus dem Jahre 1950 demonstriert Hilde Domin, wie sich an einem Erfahrungsmuster neue, zeitgemäße Wirklichkeitserfahrungen machen lassen können:

*Nein, schlaft nicht, während die Ordner der Welt geschäftig sind!*
*Seid misstrauisch gegen die Macht, die sie vorgeben für euch erwerben zu müssen!*
*Wacht darüber, dass eure Herzen nicht leer sind, wenn mit der Leere eurer Herzen gerechnet wird!*
*Tut das Unnütze, singt die Lieder, die man aus eurem Mund nicht erwartet!*
*Seid unbequem, seid Sand, nicht das Öl im Getriebe der Welt!*

Günter Eich

Hilde Domin schreibt dazu: „Das Gedicht von Eich, wie jedes Gedicht, verwandelt den Leser aus einem Objekt, in das Subjekt von Tun. Die Subjekt-Werdung stärkt seine Identität, er wird für einen Augenblick er selbst, also nicht mehr austauschbar. Und tauscht auch den andern nicht mehr ohne weiteres aus. Der Aneignungsprozess des Gedichts bewirkt, durch den bloßen Vorgang dieser Aneignung, bereits, was dieser Text verlangt: Er schafft Leere ab und er-

setzt sie durch: *ich, du, wir.* Das ist das, was ich die
›Mobilisierung des Menschen im Rollenmenschen‹
nannte, etwas, das Lyrik tut.«

Die Dichterin Hilde Domin ist nicht nur eine
kluge Interpretin ihrer eigenen, sondern auch fremder Lyrik. Immer kommt sie auf das Wesenhafte der
Dichtung zu sprechen: „Das Gedicht ist die Essenz
des Gelebten. Das schicksalhafte am Privaten, sus-
pendierte Zeit auf einen Punkt gebracht, eingefrore-
ne Augenblicke", sagt sie und an anderer Stelle: „Was
kondensiert und konserviert und auflösbar gemacht
wird, ist die Zeit, der exemplarische Augenblick, die
Erfahrungsspitze."

Obwohl Hilde Domin 1970 mit ihrem vierten Gedichtband „Ich will dich" und der wichtigen Anthologie „Nachkrieg und Unfrieden" auf der Höhe der
Zeit war, waren die Siebzigerjahre insgesamt für die
Literatur keine leichten Jahre. Politische Agitation,
die Zeit der RAF, beherrschten das Klima der Bundesrepublik. Diskussionen um Sinn und Zweck der
Literatur, ihr vorausgesagter Tod waren nicht gerade
günstige Voraussetzungen, an eben diesen Sinn und
Zweck zu glauben, diesen Glauben zu verteidigen
und unbeirrt daran festzuhalten. Als Hilde Domin
1971 der Droste-Preis verliehen wird, bekennt sie in
ihrer Dankrede ausdrücklich, dass sie sich über den
Preis freue. Dass sie es betonen muss, liegt an den
Zeitumständen, in denen es als schick und opportun
gilt, mit Verachtung auf so etwas „Reaktionäres" wie
einen Literaturpreis zu reagieren. So beginnt sie ihre
Dankrede mit dem ihr eigenen Schuss humorvollen
Anti-Establishments: „Ein Literaturpreis ist heute

eine heikle Sache. Wie fast schon das Bekenntnis zur Literatur. Daher hat sich bereits ein fester Ritus herausgebildet, wie der – konformistische – Autor eine solche Ehrung anzunehmen hat: Unter kräftigen Beschimpfungsformeln ergreift er das Geld und knallt die Türe hinter sich zu. Das ist die Rollenerwartung in diesem Augenblick."

Dass sie dieser wie überhaupt jeder anderen Rollenerwartung nicht entsprach, braucht nicht betont zu werden. Im Gegenteil, sie freute sich über diesen ihren ersten größeren Preis, insbesondere wegen der Verbindung zu Nelly Sachs, die ihn als ersten deutschen Preis verliehen bekommen hatte.

Hilde Domin schrieb während der Siebzigerjahre nur vereinzelt Gedichte. Ihre Hauptenergie verwandte sie auf die Weitergabe ihrer Gedichte und ihrer Poetik auf zahlreichen Lesungen und bei Tagungen im In- und Ausland.

1974 erschien ihr Prosabuch mit autobiographischen Aufsätzen unter dem provokanten Titel „Von der Natur nicht vorgesehen". Dieser Piper-Band, mit dem de-Chirico-Bild „Geheimnis und Melancholie einer Straße" auf dem Umschlag, erhielt bei der Kritik einhelliges Lob. Erstmals konnte man darin Näheres über das aufregende Leben der Dichterin erfahren: über ihre Jugend, das Exil, die Rückkehr nach Deutschland. Und natürlich auch über ihre Dichtung selbst und das, „was einem mit seinen Gedichten passieren kann", wie ein Aufsatz der Sammlung lautet.

Marcel Reich-Ranicki nannte das Buch in seiner Besprechung „ein außergewöhnliches Opus, so aufrichtig wie aufschlussreich". Und weiter schreibt er: „Sie erzählt gelassen und souverän, mit weisem Humor und ruhiger Distanz … Privates mischt sich mit Zeitgeschichtlichem, konkrete Informationen mit anekdotischen Details und höchst anschaulichen Streiflichtern. Eine ganze Epoche wird sichtbar."

Das ist nicht verwunderlich bei einer solchen Autorin, die Zeitzeugin ist einer schrecklichen Epoche, aber auch bekennt (in einem Interview mit R.A. Bauer im Jahre 1972, das Bestandteil des Buches ist): „Ich glaube nicht, dass Sie in meinem Werk Bitterkeit finden. Ich bin kein Mensch, der zurückblickt, ich sehe alles auf Zukunft an. Und was die Bundesrepublik betrifft, so ist sie für mich zwar nicht das bestdenkbare, aber das gutartigste und reformfreudigste Deutschland, das je – seit dem Jahre 9 A.D. – auf diesem Territorium existiert hat."

Auch Heinrich Böll meldete sich zu diesem „kleinen" Buch von Hilde Domin zu Wort. In einer Rezension im *Merkur* nannte er es „schwerwiegend und erstaunlich" und bezeichnete die Prosa klug und präzis. Sein Resümee: „Am Ende hatte ich den Eindruck, ein ziemlich umfangreiches Buch gelesen zu haben. Es ist schon erstaunlich, was in diesen kleinen, manchmal fast winzigen Kapiteln alles zugleich mitgeteilt und analysiert oder interpretiert wird."

Die Dichterin Eva Zeller lobte „die Unangepasstheit des Stils und des Stoffes" sowie das „Augenmaß für die Angemessenheit von Sprache und Stoff" in diesen autobiografischen Aufzeichnungen ihrer Kollegin und bemerkt mit Bewunderung, dass Hilde Domin „ihren Erfahrungen auch nicht den kleinsten Dreh, dass sie irgendeiner Zeitströmung oder gar Mode entsprächen", gibt.

Insofern stimmt, was Hilde Domin von sich selbst am Ende ihres Berichts „Unter Akrobaten und Vögeln. *Fast ein Lebenslauf*" schalkhaft schreibt: „Von der Natur nicht vorgesehen. Vielleicht durfte es mich nicht geben. Vielleicht gibt es mich nicht. Aber dass es meine Gedichte gibt, scheint außer Zweifel."

In den Siebzigerjahren hatte Hilde Domin neben zahlreichen Lesungen drei halbjährige Aufenthalte in Mexiko, zusammen mit ihrem Mann, der dort seine Forschungen vorstellte und weiter betrieb. Im Frühjahr 1973 besuchten sie zum ersten Mal nach zwanzig Jahren Santo Domingo, die Station ihres Exils, an der sie zwölf Jahre lang gelebt hatten. Vieles hatte sich verändert. Das Haus, in dem sie gewohnt hatten, stand leer und sollte abgerissen werden, um einer geplanten Klinik Platz zu machen. Die Beinahe-Stadt war inzwischen zu einer Millionenstadt angewachsen. Und das Hotel, in dem sie wohnten, stand da, wo zu ihrer Zeit nur ein paar Hütten inmitten von Bananen- und Yuccaplantagen gestanden hatten. Ein bisschen wehmütig – denn das Haus, in dem sie gewohnt hatten, war ja so etwas wie eine „zweite Heimat" für sie gewesen –, stellten sie fest, dass *ihr* Garten nicht mehr gut im Stande war. Die Palmen, Agavenhecken und Sträucher waren abgehackt. Der Garten war „eine unfreundliche kleine Wüste" geworden. Da das Haus unbewohnt war und die Tür nicht verschlossen, konnten sie es begehen und sich erinnern an die Zeit, in der sie dort Schutz gefunden hatten vor der Verfolgung durch Hitler.

Im Erinnern nahmen sie beinahe wieder Besitz von dem Haus. Sie öffneten die Fensterläden. Und richtig: Vor dem Arbeitszimmer von Erwin Walter Palm standen noch immer die hellbelaubten Bäume, die damals für sie ein Stück Europa verkörpert hatten mit ihren blassrosa Blüten, die den ganzen Winter über blühten. Und natürlich dachte Hilde Domin ganz besonders daran, dass sie in diesem Haus vor mehr als zwanzig Jahren zu schreiben angefangen hatte. Und voller Dankbarkeit dachte sie an all jene Freunde, die ihnen geholfen, die sie getröstet und beraten hatten und verteidigt, als wären sie einer von ihnen gewesen und ohne deren Hilfe sie das Exil nicht so gut überlebt hätten.

In die Siebzigerjahre fiel die Verleihung dreier wichtiger Preise: die Heine-Plakette der Heinrich-Heine-Gesellschaft 1972, die Roswitha-Gedenkmedaille der Stadt Bad Gandersheim 1974 und der Rainer-Maria-Rilke-Preis für Lyrik 1976. 1978 wurde Hilde Domin in die Deutsche Akademie für Sprache und Dichtung berufen.

In Zeitungsbeiträgen, auf Symposien, auf Preisverleihungen meldete sich Hilde Domin immer wieder kritisch zu Wort und schlug der Poesie eine Bresche, auch von Dichtern, die vom Zeitgeist gerne verunglimpft wurden wie Rilke oder „verniemandet" wie Yvan Goll. Entschieden wehrte sie sich dagegen, dass bestimmte Strömungen die Rezeptionsweise von Lyrik, von Literatur und Kunst überhaupt, durch Meinungsmache „verordnen" wollten. Denn, so erkannte sie scharfsichtig, „die Moden ändern sich heutzutage rapide. Gestern noch wurde verhöhnt, wer die Hänge von Heidelberg liebte. Im Namen von Brecht, der wie kaum einer die Bäume geliebt hat und gerade von Bäumen immer sprach … Heute ist die Mode umgeschlagen: Junge Leute setzen sich auf Bäume, die abgehackt werden sollen, im Namen ökologischer Forderungen."

„Bleib erschütterbar – und widersteh", diese Gedichtzeile von Peter Rühmkorf hält Hilde Domin für einen geeigneten Ausdruck gegen Gruppenzwang beim Mitmachen von Moden und einem Sich-Freihalten von Vorurteilen. Von der „Mode", Gedichte zu verachten, war schon die Rede. Einer, der wesentlich dazu beitrug, dass die deutsche Lyrik nicht „stirbt", war Marcel Reich-Ranicki, als er 1974 in der FAZ die „Frankfurter Anthologie" eröffnete, die wöchentlich einmal ein Gedicht und eine Rezension zu diesem Gedicht brachte. Ein überaus erfolgreiches Unternehmen, das bis zum heutigen Tage anhält und sehr zur Wiederbelebung der deutschen Lyrik beigetragen hat.

Rückblickend beurteilte Hilde Domin die Jahre, in denen Lyrik nicht „in" war, durchaus auch positiv: „Ich finde nicht, daß es uns geschadet hat, dass wir uns rechtfertigen mußten. Daß wir jetzt (1975; I.S.) genauer Auskunft geben können, uns selbst (das ist das Wichtigste) und andern. Eine Art ›Exil‹ in der Gesellschaft: Das ist eine Erfahrung, die nicht vergessen werden darf, weil sie, wie jedes Exil, in hohem Maße erkenntnisträchtig gewesen ist."

Zur „Frankfurter Anthologie", zu der sie auch mehrfach Gedichte und Interpretationen zu Gedichten anderer beigesteuert hat, äußerte sie sich auch später immer wieder mit Anerkennung: „Es ist wahr, ohne den ›Frust‹, wie die Enttäuschung an der

Studentenbewegung auf allen ihren Fronten genannt wird, wäre eine Initiative wie die ›Frankfurter Anthologie‹ nicht machbar gewesen. Aber dass Reich-Ranicki diesen Augenblick und seine noch verborgenen Möglichkeiten erkannte, dass er mit solcher Begeisterung und Konsequenz der Lyrik, der alten wie der zeitgenössischen, ein neues Forum eröffnete, das hat die deutsche Literaturszene entscheidend verändert. Und nicht nur die Literaturszene. Es hat dazu beigetragen, den jungen Leuten wieder den Mut zu sich selbst, zum eigenen Glück und zur Liebe zurückzugeben, den offen einzugestehen als genau so reaktionär galt wie das Lesen oder Schreiben von Gedichten.“

In diesem Statement drückt sich vor allem Hilde Domins nicht kleinzukriegender Glaube an die Kraft der Poesie aus. So wie sie es bei einer Rede auf Karl Krolow 1979 ausdrückte: „Die Wahrheit ist ja, dass Dichtung dazu da ist, diese beiden fatalen Krisen zu überwinden: die Identitätskrise und die Kommunikationskrise. Der Poet bietet nur das Modell an. Damit jeder Leser nach ihm den Mut hat, ›ich‹ zu sagen, ›ich‹ zu sein. Das hat nichts mit ›Betulichkeit‹ zu tun und nichts mit ›Rückzug in die Innerlichkeit‹. Sondern schlechthin mit Zeugenschaft, mit dem Mut, gerade zu stehen und die Wirklichkeit beim Namen zu nennen. ›Sich selbst nicht belügen.‹ Und die andern nicht, was untrennbar ist.“

1982 erschien ein weiterer Prosaband mit dem bezeichnenden Titel „Aber die Hoffnung“ und dem Untertitel „Autobiographisches aus und über Deutschland“. Hilde Domin versammelte darin Arbeiten, die das Klima der Siebziger- und frühen

Achtzigerjahre wiedergeben. Der Band zeigt Hilde Domin einmal mehr als aufrechte und unbeirrbare Humanistin, die trotz einer gefährdeten Hoffnung die Sehnsucht und den Glauben an eine „Humanität bei Lebzeiten" in ihrer 1978 gehaltenen „Römerberg-Rede" im letzten Beitrag des Bandes dem Leser als Memorandum mit auf den Weg gibt. Sie formulierte das Thema mit dem Zusatz „eine Utopie?", einer Frage, die sie aber selbst nicht als Frage zu verstehen wünscht, sondern als Aufforderung an den Leser, ernst zu machen mit der Verwirklichung von Humanität. So spricht sie den Leser (und 1978 den Zuhörer) direkt an und stellt ihm die Frage: „Ist es utopisch zu fordern, dass wir heute und hier damit beginnen, jetzt sofort, jeder von uns?" Nämlich das umzusetzen, wovon Brecht in einem Gedicht gesprochen hatte, „dass der Mensch dem Menschen ein Helfer ist". Und eben das bezeichnet Hilde Domin als „Mindest-Utopie", ohne die das Leben sinnlos ist. Erneut erweist sich ihre kritische Zeitgenossenschaft, unverwechselbar in der Prosa wie auch in ihrer Dichtung, unüberhörbar in ihrem Aufruf zum Widerstand gegen Intoleranz und Inhumanität. Und dem Aufruf zur Dennoch-Hoffnung.

„Aber die Hoffnung" ist eine wiederkehrende Gedichtzeile eines Gedichts, das das Buch eröffnet. Es trägt den Titel „Älter werden. *Antwort an Christa Wolf*" und antwortet auf ein vorangestelltes Zitat aus Christa Wolfs Roman „Kindheitsmuster": „Du weinst um das Nachlassen…und, so unglaublich es sein mag, den unvermeidlichen Verfall der Sehnsucht."

*Die Sehnsucht*
*nach Gerechtigkeit*
*nimmt nicht ab*
*Aber die Hoffnung*

*Die Sehnsucht*
*nach Frieden*
*nicht*
*Aber die Hoffnung*

*Die Sehnsucht nach Sonne*
*nicht*
*täglich kann das Licht kommen*
*durchkommen*

*Das Licht ist immer da*
*eine Flugzeugfahrt reicht*
*zur Gewißheit*

*Aber die Liebe*
*der Tode und Auferstehungen fähig*
*wie wir selbst*
*und wie wir*

*der Schonung bedürftig*
*…*

Die Brücke wird geschlagen von der Sehnsucht, die nicht abnimmt, über die Hoffnung, die weniger wird oder werden kann, hin zur Liebe, die wie Sehnsucht und Hoffnung immer gefährdet, aber wie diese zur „Auferstehung" fähig ist.

Auch in diesem Gedicht kommt Hilde Domins

Lebensprogramm, basierend auf einer aus leidvoller Erfahrung gekelterten Weisheit, glaubwürdig und nachhaltig zum Ausdruck. Hier scheint mir eine Formulierung aus Horst Mellers Essay zur Dichtung von Hilde Domin besonders geglückt, die von der „Katholizität der Erfahrungsfülle" und der „ergreifenden Lauterkeit der Erlebnistiefe" spricht, die sich in ihren Gedichten manifestiert.

Zur Liebe, von der Hilde Domin in dem Gedicht spricht, hat sie sich auch in einer Rede zum Kirchentag 1979 geäußert. Für sie gebe es, so führte sie aus, im Leben zwei Hauptgebote, die alle anderen einschlössen. Das Erste sei jenes, die Dinge der Welt beim richtigen Namen zu nennen. Das Zweite ist jenes, von dem Paulus im Römerbrief spricht: „Dass ihr euch untereinander liebet und ableget die Werke der Finsternis". Ein Gebot, das täglich neu eingelöst werden muss. Deshalb heißt es in dem Gedicht, dass die Liebe „der Tode und Auferstehungen" fähig ist. Es geht um die Entscheidung *für* die Liebe zum Nächsten, indem der Mensch ihn als seinesgleichen behandelt und in seiner Menschenwürde nicht verletzt. „Was ich hier Menschenwürde nenne", führte Hilde Domin aus, „das kann der Ärmste haben, das kann dem Reichsten fehlen. Kann, muß nicht. Ich rede hier nicht von einer sozialen Kategorie. Aber von etwas Zerbrechlichem, das die Gesellschaft, auch der ›Nächste‹, dem Menschen zerbrechen kann."

Mir erzählte Hilde Domin einmal von einer Begegnung, die sie entscheidend geprägt habe. Es war, als sie mit Erwin in den frühen Dreißigerjahren in Rom lebte. Da sagte eine Berliner Emigrantin und Ärztin zu ihr: „Sie haben ja nur Augen für Erwin und nicht für die Welt!" Tatsächlich stand für sie damals nicht so sehr im Vordergrund, ob und wie sie die Welt verändern könnte, wozu sie doch in ihrem Studium und mit ihrer Begeisterung zum Marxismus eigentlich angetreten war. „Ja, ich habe damals wie viele heute noch an den so genannten ›neuen Menschen‹ geglaubt", erzählt sie, „aber wir sahen dann auch, dass die Russen mitnichten den Hitler aus der Welt schaffen würden. Und in Italien war damals sowieso die Möglichkeit einer marxistischen Diskussion nicht gegeben." Dadurch kam es zu einem stufenweisen Prozess des abnehmenden Interesses am Marxismus. Dagegen nahm sich Hilde Domin die Bemerkung der deutschen Ärztin sehr zu Herzen. „Damals entschloss ich mich, immer hinzusehen, wenn ich einem Menschen helfen konnte. Und das ist mir zur zweiten Natur geworden. Dieses Hinsehen und direkte Helfen, ist dann an die Stelle des Marxismus getreten."

Im Laufe der Jahre hatte Hilde Domin gemerkt, dass es möglich ist, sich etwas vorzunehmen und dass es dadurch merkwürdigerweise wirklich zur zweiten Natur wird. Und weiter sagt sie im Gespräch: „Deshalb glaube ich auch heute, dass Menschen, die meine Gedichte lesen und sich vornehmen, nicht wegzusehen, nicht zum Mitläufer zu werden, sondern zu helfen, wo sie helfen können, dass sie dadurch die Welt im Einzelnen ändern können." Konkrete Hilfe zu geben, das ist eine Hauptsache für Hilde Domin.

Dagegen misstraut sie selbst ernannten Heilsverkündern, die sich im Besitz von absoluten Wahrheiten wähnen. Da geht es ihr ganz ähnlich wie

Manès Sperber, dem 1905 in Polen geborenen, dem Ostjudentum entstammenden Schriftsteller, mit dem Hilde Domin das Schicksal der Verfolgung und des Exils teilte und auch den Wunsch, die Welt zu verändern und zu verbessern. Lange Jahre hatte er sich eine Verwandlung der Welt in eine friedliche vom Kommunismus versprochen, dem er aber 1937 in tiefer Enttäuschung den Rücken kehrte. Hilde Domin lernte Manès Sperber in den Sechzigerjahren kennen. Er wurde ein Freund für sie. Über ihn sagte sie einmal zu mir. „Dass ich mit Manès Sperber Freundschaft haben durfte, das betrachte ich als eine Gnade." Er war so etwas wie ein älterer Bruder für sie, den sie jederzeit um Rat fragen konnte. Sie wusste sich mit ihm verbunden im Glauben an und in der Liebe zu den Menschen trotz der schlimmen Erfahrungen durch die Naziherrschaft. Sperber nannte sich einen „postpurgatorischen Optimisten", einen, der durchs Fegefeuer gegangen ist und *trotzdem* den Glauben an den Menschen nicht verloren hat. Auch er war wie Hilde Domin ein Dennoch-Mensch.

Manès Sperber hielt die Laudatio, als Hilde Domin 1982 die Richard-Benz-Medaille der Stadt Heidelberg verliehen wurde. In ihrer Lyrik erkannte er eine „Dichtung des Seins und seines Sinns" und nannte Hilde Domin eine „Dichterin des Wesentlichen". Weiter hob er in seiner Festrede ihre Poetik hervor, diese „Verteidigungsschrift gegen leichtsinnige Nihilisten" und wusste aus eigener Erfahrung zu berichten, dass die Dichterin eine kämpferische Zeitgenossin ist: „Sie nahm somit eindeutig Stellung: gegen alle von diesem Vorauskonformismus inspirierten und durch Opportunisten von rechts und von links geförderten Unwahrheiten und Verzerrungen. Sie wurde vielen Intellektuellen eine unwillkommene Zwischenruferin, die weder Schmeichelei noch Abweisung zum Schweigen bringen konnten. Ja, sie ist eine unermüdliche, kühne Zwischenruferin geworden."

Hilde Domin erzählte mir, dass sie Manès Sperber manches Mal in Paris angerufen habe, wenn sie nicht wusste, ob sie sich einmischen solle oder nicht, bei einer Stellungnahme, die ihr empörend erschien. Dann habe er sie meistens zu beruhigen versucht und gesagt, sie solle sich an ihre Gedichte halten, die seien unvergleichlich wichtiger.

Dass Hilde Domins Gedichte bleiben werden, davon war er überzeugt. So formulierte er 1982 in der Festrede eine beinahe prophetische Aussage: „... dass am ehesten das überlebt, was Nachkommen und Geschlechtern die Vergangenheit fast handgreiflich nahe bringt. Ich vermute, dass unsere Urenkel in Hilde Domins Werken die Botschaft einer wunderbar schöpferischen und abscheulich zerstörerischen Epoche finden werden, in der man es so oft nötig hatte, nach einem Halt zu suchen und eine ›Rose als Stütze‹ zu wählen."

Diese Vorausschau hat sich heute – mehr als zwanzig Jahre später – bewahrheitet. Hilde Domin ist glücklich darüber, dass ihre Gedichte jung geblieben sind und von der Enkelgeneration genau so verstanden werden wie von den Menschen ihrer und der nächsten Generation. Es war und ist ihr auch heute noch ein besonderes Anliegen, junge Menschen mit ihren Gedichten zu erreichen. Das hat sie durch zahlreiche Lesungen in Schulen erreicht. Gedichte von ihr befinden sich in vielen Schulbüchern, und zu ihren Lesungen kommen Menschen aus allen Altersstufen.

Dieser ungeheure Lebensmut, dieses Dennoch-Vertrauen, das ist es wohl, was die Leser ihrer Gedichte nun schon bis in die Enkelgeneration hinein begeistert. Hilde Domin schafft es noch immer, während ihrer lebhaft und eindringlich vorgetragenen Lesungen eine Aura herzustellen, die die Zuhörer in ihren Bann schlägt. Besonders erstaunlich ist, dass sie ganze Säle mit vorwiegend jugendlichen Zuhörern zu füllen vermag. Das ist das Schöne, sagte sie einmal, dass „die Gedichte so viel jünger bleiben als man selbst". Und dass Generation nach Generation sich in ihnen wiedererkenne.

Ich kann das aus eigenem Erleben bestätigen: Einmal beobachtete ich bei einer Lesung einen jungen Mann mit giftgrüner Punkerfrisur. Er saß in der ersten Reihe in einem popfarben bemalten Rollstuhl, und ich sah, wie er die von Hilde Domin vorgetragenen Verse mitsprach, sie ohne Laut mit den Lippen formte, dabei die Augen geschlossen hielt und sein Gesicht von Glück überstrahlt war. Während am Ende des Vortrags die Begeisterung der Zuhörer sich in „standing ovations" äußerte, ließ er sich mit seinem Rollstuhl an die Treppen zum Podium heranfahren, arbeitete sich sichtlich angestrengt die drei Stufen hinauf, um Hilde Domin einen Blumenstrauß zu überreichen.

Häufig und sehr gerne liest sie vor Schülern, quer durch die deutschen Lande, quer durch alle Schultypen, und sie kann keineswegs bestätigen, dass Schüler mit Lyrik Schwierigkeiten hätten. „Jedenfalls mit meiner Lyrik nicht", meint sie lachend, „weil sie doch relativ einfach ist."

Es fasziniert die gestandene Lyrikerin, wie junge Menschen sich ihre Gedichte in einer Weise aneignen, die sie manches Mal verblüfft. Aus ihrer Handtasche holt Hilde Domin ein paar Blätter mit Gedichten von Schülern, Weiter- oder Umdichtungen ihrer Gedichte. Einige liest sie mir vor. Die ersten Verse ihres Gedichts „Der übernächste Krieg" lauten:

> *Ich habe keine Arme*
> *Meine Hände sind an meine Schultern geheftet*
> *wie Flügel*
> *vielleicht sollte ich ein Vogel werden*
> *aber ich fliege nicht*
> *vielleicht ein Mensch*
> *ich töte nicht.*

Dazu zwei Gedichtversionen von Schülern, einer Gymnasiastin und einem Hauptschüler:

> *Doch ich habe Träume. / Ich habe keine Beine./ Meine Füße sind an meine Hüften geheftet / wie Flossen. / Vielleicht sollte ich ein Fisch werden. / Ich habe keine Arme, ich habe keine Beine. / Doch habe ich Träume: den Traum, ein Vogel zu werden, / den Traum, ein Fisch zu werden. / Ich habe meine Träume, und deshalb bin ich ein Mensch.* (Petra Grosser)

Das andere Gedicht:

> *Wie ein Maulwurf. / Ich habe keine Augen. / Ich*

*komme mir vor wie ein Maulwurf. / Ich grabe*
*mich durchs Leben / und gebe mich nicht auf.*
(Stefan Lauer)

Lebhaft ist Hilde Domin die Abgangsklasse einer
Realschule in Itzehoe in Erinnerung. „Die Schüler
wollten gerne, dass ich sie verabschiede. Und da bin
ich an einem Tage hin und zurück nach Itzehoe ge-
fahren, um ihnen den Wunsch zu erfüllen." Diese
Schüler hatten ihr Abel-Gedicht umgedichtet. „Das
waren ganz außerordentliche Gedichte", erzählt sie.
„Eines davon lese ich immer vor."

*Abel kämpfe: / Abel kämpfe um deinen Bruder /*
*und besiege seine Gewalt, / streite gegen seinen*
*Neid, / lösch aus das Zeichen auf seiner Stirn. /*
*Abel, steh auf! / Lösche das Zeichen auf unserer*
*Stirn.* (Florian Kruse)

Bedauerlich findet es Hilde Domin, dass immer weniger Menschen über die großen Gestalten der Bibel
und der Mythologie Bescheid wissen. Deshalb ge-
falle ihr das Gedicht des damals 15-jährigen Florian Kruse so gut, weil der richtig erkannt habe, aus
welchem Grunde Kain den Abel getötet hat. „Es war
nicht die Frage, wer frommer war oder wer williger
geopfert hat, sondern man hat mal Glück und man
hat mal Pech, und das muss man ohne Neid verkraf-
ten können, und dafür sind diese Geschichten gut."
Und auch dafür können Gedichte gut sein: zur
Lebensbewältigung und zur Selbstbefreiung. „Je
mehr ein Mensch sich befreit von dem, was auf ihm
lastet, je mehr ein Mensch er selber wird, umso mehr

ist er in der Lage weiterzuleben", bekräftigt Hilde Domin ihre eigene Erfahrung. So versteht sie auch die Jugendlichen mit ihren Zweifeln und Unsicherheiten. Stets hat sie ein offenes Ohr für deren Fragen, und die Jugendlichen fühlen sich von ihr ernstgenommen. Nie würde sie Moral predigen. Es geht ihr um das genaue Wort: „Nennt das Runde rund und das Eckige eckig." Nichts weiter sei erforderlich, zitiert Hilde Domin Konfuzius.

Sie weiß, dass dieses Wenige und eigentlich Selbstverständliche oft Mut erfordert. Aber gerade dies ist ihre Botschaft: Zivilcourage zu zeigen und für seine Meinung einzutreten. „Das ist so ein Seiteneffekt bei der Lyrik", stellt sie fest. „Gedichtschreiben ist ja eine wunderbar zweckfreie Sache. Man versucht nur wahrhaftig auszudrücken, was einen bewegt und was seine Erfahrungen sind. Und bei den anderen ruft man damit auch Wahrhaftigkeit hervor. Das Schöne ist: In Wirklichkeit werden die Menschen mit Gedichten mehr sie selber und deshalb weniger manipulierbar und weniger programmierbar."

# „Das Gedicht als Augenblick von Freiheit"

*E*s ist eine Tatsache, dass Hilde Domins Gedichte, die in mehr als zwanzig Sprachen übersetzt wurden, von Menschen aller Altersstufen und auch unterschiedlicher sozialer Gruppierungen verstanden werden, nicht so sehr, weil sie, wie sie sagt „relativ einfach" sind, sondern weil sich Menschen mit den unterschiedlichsten Erfahrungen in ihnen wiederfinden können und wohl etwas spüren von dem „Atemraum für Freiheit", der sich beim Lesen und Bedenken ihrer Verse eröffnet. Denn Hilde Domin, so sehr ihre Gedichte oft von einer Botschaft durchdrungen sind, lässt dem Leser die Freiheit, das Gedicht mit dem je eigenen Inhalt zu füllen. Ihre Gedichte haben sich zu keiner Zeit einer Modeströmung unterworfen. Hilde Domin flüchtete sich weder ins zeitlos Schöne oder in resignative Innerlichkeit, noch ins Agitatorische, sondern behielt ihren unverwechselbaren Stil bei, der beim Leser vor allem eins bewirkt: Identifikation.

In seiner Laudatio zur Verleihung des Nelly-Sachs-Preises der Stadt Dortmund 1983 hob Professor Peter Rusterholz die Universalität der Dominschen Dichtung hervor: „Wir ehren in Hilde Domin die gelehrte Dichterin, die mit immer weniger Worten, Gelehrten und Ungelehrten immer mehr sagt. Wir ehren in Hilde Domin die Dichterin, die dank der Mehrsprachigkeit ihres Herzens in vielen

Zungen und doch auch in unserer Sprache spricht und damit verschiedene Kulturen, verschiedene Bildungstraditionen und verschiedene soziale Schichten verbindet."

Die Fülle und Vielseitigkeit ihrer Lyrik, die doch eins als gemeinsamen Nenner hat – „meine einfachen Worte / riechen nach Mensch" –, wie es in einem ihrer Gedichte heißt, wurde mit Erscheinen ihrer „Gesammelten Gedichte" 1987 unübersehbar deutlich. Hilde Domin stellte in dieser mehr als 400 Seiten umfassenden Ausgabe fast einhundert neue oder nur schwer zugängliche Texte neben die aus den vier Gedichtbänden bereits bekannten vor. Dabei ordnete sie die Gedichte neu und stellte sie dadurch in eine große Zusammenschau wie auch in einen veränderten Sinnzusammenhang, indem sie bis auf den Buchtitel „Nur eine Rose als Stütze" andere Titel als Kapitelüberschriften wählte, wodurch die Sammlung zu etwas Unverbrauchtem und Einmaligem wurde.

Das letzte Kapitel, das Gedichte aus dem Zeitraum 1964 bis 1985 vereinigt, stellt die Dichterin unter die Überschrift „Die Haut des Planeten" und weist ihren vorwiegend zeitkritischen Gedichten damit eine kosmologische Bedeutung zu. Das Kapitel endet mit dem Abel-Gedicht, dessen programmatische Verszeilen „damit es anders anfängt / zwischen uns allen" ihm als Motto vorangestellt sind.

Hilde Domin beschreitet in diesen Ausklangsgedichten ihrer Gedichtsammlung ganz deutlich den Weg in die Zukunft mit ihrer Dennoch-Botschaft. Denn:

*Das ist es nicht*
*dass wir gedreht werden*
*von Abend zu Morgen*
*zu Abend*
*auf einer Kugel von der wir jetzt wissen*
*dass sie blau ist*
*…*

So heißt es in dem Gedicht „Das ist es nicht". Und man liest, gleichsam als Fortsetzung, die Endverse des Gedichtes „Aufbruch von hier":

*…*
*ich springe ab*
*ich tauche*
*weg vom Tag*
*hindurch*
*tauche ich auf*
*auf der andern Seite der Erde*
*Dort will ich*
*freier atmen*
*dort will ich ein Alphabet erfinden*
*von tätigen Buchstaben*

Man könnte Hilde Domins Dichtung auch als eine Philosophie der „tätigen Buchstaben" definieren. Denn es handelt sich weitgehend um eine Dichtung, die zur Tat auffordert. Das Gegenteil von Schicksalsergebenheit, die suggeriert, dass man seinem Schicksal nicht entgehen kann. So ist es meines Erachtens auch von Bedeutung, dass Hilde Domin so gut wie nie vom Schicksal spricht. Die Lage von Menschen, sei sie auch noch so grausam und scheinbar unabänderlich, will sie durch den Aufruf zur Bejahung der Verantwortung ändern helfen. Und nicht nur die Lage des Menschen, sondern auch die des gefährdeten Kosmos. Deshalb lässt sie das Abel-Gedicht enden:

*Und am Schwanz der Raketen*
*sollen die Feuer von Abel sein*

Die visionäre Mit-Menschlichkeit ist erweitert zu einer Geschwisterlichkeit der Erde und dem Kosmos gegenüber, für die wir Verantwortung tragen.

Dass eine solche Hoffnungsvision dem Geist der jungen Generation in den achtziger Jahren entsprach, lässt sich daran erkennen, dass Jugendliche das Abel-Gedicht 1983 vertonten und auf dem Düsseldorfer Kirchentag vortrugen. Seitdem wurde es wiederholt auf Kirchentagen gesungen als „ein Stoßgebet gegen den Atomkrieg, gegen den Neutronenkrieg und all das, was an Kains-Taten die Raketen zu vollbringen technisch in der Lage wären".

Im Wintersemester 1987/88 konnte Hilde Domin ihre Botschaft während der Frankfurter Poetik-Dozentur in einer Reihe von fünf Vorlesungen unter dem Titel „Das Gedicht als Augenblick von Freiheit" an Studenten weitergeben. Eine geradezu unwahrscheinliche Zahl von mehr als tausend Menschen strömte an den Vorlesungstagen in den Hörsaal, um einer der bedeutendsten Dichterinnen deutscher Sprache zu lauschen, wie sie an Hand von praktischen Beispielen und mit vielen Rückgriffen auf ihr persönliches Schicksal, insbesondere das Exil und ihre Heimkehr nach Deutschland, die theoretischen Überlegungen aus ihrer Poetologie „Wozu Lyrik heute" lebendig machte. Seit Erscheinen dieser Theorie hatte die Zeit sich gründlich gewandelt.

Die Poetikdozentur, die 1959 auf Initiative der Universität Frankfurt und des Fischer Verlages gegründet worden war und mit Ingeborg Bachmann ihren Anfang nahm, hatte zwischen 1968 und 1979 keine Fortführung gefunden – also genau in jener Zeit, in der vom „Tod der Literatur" die Rede gewesen und Lyrik quasi „verboten" war. Jetzt aber war das allgemeine Interesse am Gedicht, an der Poesie wieder erwacht.

Hilde Domin rannte mit ihrer Botschaft von der Dennoch-Hoffnung augenscheinlich offene Türen ein. Der Initiator der Poetik-Dozentur, Professor Helmut Viebrock, schrieb nach der Vorlesungsreihe an Hilde Domin: „Wenn man im Hörsaal sitzt, sieht man Sie und alles, was auf Ihrem Gesicht an erprobter Zuversicht ablesbar ist; sieht man nachts im Fernsehen die Gesichter der Zuhörer, so muss einen das Maß an Hingegebenheit und Hoffnung auf Hoffnung bewegen ... das zur Zeit für die Studenten Wichtigste: das Vertrauen zu sich, das Berühren des Grundwassers." Und Hilde Domin antwortete ihm: „Gerade das hatte ich mir vorgenommen, den Mut zum Leben zu stärken: ein Dennoch gegen die fatale ›No-future‹-Panik."

Gleich in der ersten Lesung stellte Hilde Domin ihren Glauben an eine positive und rettende Funktion des Gedichts dar, indem sie die programmatischen Verse „Dies ist unsere Freiheit / die richtigen Namen nennend / furchtlos / mit der kleinen

Stimme" als Ausgangsbasis für weitere Reflexionen zugrunde legte.

Dass eine solche Vorlesungsreihe, bei der ein Autor sozusagen aus dem Nähkästchen plaudert, eine ganz andere Sache ist als eine Dichterlesung oder ein theoretischer Vortrag, ist ohne weiteres nachzuvollziehen. Durch die Mischung beider Disziplinen entsteht etwas sehr Lebendiges, wobei Anekdotisches genauso seinen Platz findet wie Analytisches. Hilde Domin würzte denn auch ihre auf einem reichen Anschauungsschatz fußenden Ausführungen mit so humorvollen Einlagen wie den Bericht über das Procedere der „Doppelinterpretationen", das sie als „eine Art lyrisches Heiratsbüro, das unermessliche Telefongelder verschlang", bezeichnete. Oder sie gab Einblick in ganz aktuelle Erfahrungen beim Übersetzen eines Gedichts ins Chinesische: Wie das kulturelle Umfeld mitbedacht werden muss bei jedem einzelnen Wort, um über das Interpretieren von Gedichten ins Allgemeine zu kommen. In den Vorlesungen begegnet man natürlich auch den von ihr geprägten Begriffen der *unspezifischen Genauigkeit* und des Gedichts als *magischem Gebrauchsartikel* und der *Virulenz*, die ein gutes Gedicht auszeichnet.

Über den Vorgang des Schreibens, der sicher manchen Germanistikstudenten besonders interessierte, machte die Dichterin ebenfalls sehr aufschlussreiche Bemerkungen: „Der Prozeß des Schreibens ist ein schizoider. Der Autor teilt sich in einen Heißen und einen Kalten: in den Anlieferer, dessen Erregung die Worte bringt, und in den Kontrolleur, den strikten Handwerker, der die Worte durchläßt oder streicht.

Wenn er Praxis hat, streicht er schon im Prozeß der Formulierung. Das überflüssige Wort kommt gar nicht aufs Papier. Wenn er in einem früheren Stadium ist, streicht er eben beim Abschreiben. Und nach Jahren noch kann es einem Autor geschehen, daß er streicht. Und nur das kann ein Autor einem Anfänger beibringen: das Wort nicht auszuwickeln, auszupacken, sondern in ihm zu lassen, was das Wort alles enthält. Der Koffer des Wortes, schreibe ich manchmal … All das hängt vom Können, vom Sprach- und Ausdruckswillen des jeweiligen Schreibers und der Erfahrung ab, die er formulieren will. Beim Schreiben sollte er auf nichts weiter achten, denke ich, als daß Wort und Erfahrung sich genau entsprechen. Im Sprachlichen ist er Zeuge, nur der Wahrhaftigkeit verpflichtet."

Und weiter sprach Hilde Domin vom *Autor und Leser als Zwillinge,* für die beide im Gedicht die Zeit aufgehoben und *ein Augenblick von Freiheit* hergestellt wird. Denn, so führte sie aus: „Das Gedicht gehört dem Leser, für den Autor hat es seine Schuldigkeit getan." Das Schreiben von Gedichten selbst sei ohne Zweck, die Zwecke wachsen ihnen erst hinterher zu, auf dem Weg zum Leser. „Dichtung ist für jeden da, sie erneuert sich mit jedem Leser … Es ist ein großer Trost, wenn man erfährt, daß die Gedichte von andern angeeignet werden und ihnen mehr gehören als dem Autor. Ganz unbewußt ist man zum Sprecher nicht nur für sich selbst, sondern für Unbekannte geworden, die man trifft oder auch nicht trifft, die einem manchmal schreiben, sofort oder nach Jahren." So wie ihr eine Chirurgin einmal schrieb: „Heute, wo unsere Identität im Rollenverhalten verloren zu gehen droht, wartet man auf ein gutes Gedicht wie ein Patient auf einen Schrittmacher, der dicht am Herzen eingepflanzt wird, damit es weiterschlägt."

Hilde Domin ließ ihre Vorlesungsreihe ausklingen unter zwei Motti, die eng miteinander verflochten sind: „*Sisyphus*: die tägliche Anstrengung, das Unmögliche zu tun." Und „Das Postulat der *zweiten Chance*: der Neubeginn."

Sie stellte die mythologische Figur des Sisyphus, der dazu verurteilt war, den Stein den Berg hinaufzurollen und der ihm stets vor Erreichen des Gipfels entglitt und den Berg hinabrollte, als einen wesentlichen Aspekt der *conditio humana* dar und als eine Metapher für ihr eigenes Lebensmotto des Dennoch. Der Literaturnobelpreisträger Albert Camus hatte 1942 den Essay „Der Mythos des Sisyphus – ein Versuch über das Absurde" geschrieben und in ihm die Gestalt erblickt, die besonders für das 20. Jahrhundert in ihrem Gefühl der Absurdität des Lebens angesichts nicht mehr vorhandener Heilsgewissheiten exemplarisch ist. Die Alternative des Selbstmords in Anbetracht einer scheinbaren Ausweglosigkeit lehnte Camus ab und befand: „Wir müssen uns Sisyphus als glücklichen Menschen vorstellen." Er setzte dagegen die Revolte, verstanden als eine Metapher des Widerstands, so wie er es in seiner Nobelpreisrede formulierte: „Wir Schriftsteller des 20. Jahrhunderts werden nie mehr allein sein. Im Gegenteil, wir müssen wissen, daß wir dem gemeinsamen Elend nicht entrinnen können und daß unsere einzige Rechtfertigung, wenn es eine gibt, darin besteht, nach bestem Können für die zu sprechen, die es nicht vermögen.

Wir müssen in der Tat für alle die Menschen sprechen, die in diesem Augenblick leiden."

Hilde Domin bezieht sich in der Vorlesung auf
ihr Gedicht „Sisyphus", welches in ihrem Gedichtband „Ich will dich" noch unter dem Titel „Sisyphus 1967" stand. Das Gedicht trägt den Untertitel
„Variationen auf einen Imperativ von Mallarmé". Sowohl in den „Gesammelten Gedichten" als auch in
der Buchausgabe ihrer Frankfurter Poetiklesungen
fehlt der Zusatz der Jahreszahl. Das Gedicht schrieb
Hilde Domin am 22. 3. 1967. Sie antwortete damit
auf die bedrückenden und bedrängenden Ereignisse
jener Zeit: Umweltzerstörung, Krieg, Vertreibung,
Folter, Machtbesessenheit und jegliche Form von
Fanatismus. Es wäre kein typisches Domin-Gedicht, wenn es nicht neben einem zeitbezogenen
immer auch einen überzeitlichen Aspekt aufweise
und damit zeitlos ist. So war es nur konsequent, in
den späteren Ausgaben auf den zeitlichen Bezug der
Jahreszahl zu verzichten.

*Sisyphus*
Variationen auf einen Imperativ von Mallarmé

*„Die großen blauen Löcher*
*die die Vögel machen die argen"*
*die schwarzen Risse der Nachrichten*
*frühmorgens*
*„stopfe sie*
*mit unermüdlicher Hand"*

*Und Münder die rufen*
*mit unermüdlichem Atem*

aufgestellt in allen Ländern
und riesige Herzen neue Totems
reibe sie mit Meersand ab
die siebenfältige Herzhaut die arge

Impfe
mit den Tränen der Gefolterten
uns Überlebende
uns Nachgeborene

Die Wege sind krank
Tritte der Kreuzfahrer unermüdliche
müssen geglättet werden
mit den Handflächen unermüdlichen
stopfe
die großen blauen Löcher
die die Flugzeuge machen die argen
und die schwarzen Risse
halte
die Ränder der Wunden zusammen
stopfe die Haut des Planeten
er reißt
in unserm Jahrhundert
stopfe
mit unermüdlicher
mit nie ermüdender Hand
rufe
mit nie ermüdendem Atem
die nie ermüdenden Hände

Bergaufwärts gerollt
die Steine
werden Quelle und Brot

In diesem Gedicht exemplifiziert Hilde Domin aufs Eindringlichste ihr Credo des Dennoch, dieser Metapher der Widerständigkeit. Vor allem ruft sie dazu auf, etwas zu tun, damit, wie es bei Brecht heißt, „der Mensch dem Menschen ein Helfer" sei, auch wenn es sinnlos und unnütz scheint. Und nicht nur dem Menschen, sondern ebenso der geschundenen und ausgebeuteten Natur, der „Haut des Planeten", die zu reißen droht.

So bezeichnete sich Hilde Domin zu Recht einmal als eine Vorläuferin der „Grünen". In der Vorlesung führte sie dazu aus: „Verlier die Hoffnung nicht, dass du, an deiner Stelle, etwas ändern kannst … Versucht werden muß es, täglich und von jedem, an seiner Stelle … So kann, so soll man meinen SISYPHUS lesen: daß etwas zumindest durch das stete Bemühen geändert werden könnte. Daß es versucht werden muß."

Die Unermüdlichkeit dieses Tuns wird in dem Gedicht fast litaneihaft beschworen. Die Aufforderung zur Beharrlichkeit im Beseitigen und Verhindern der Zerstörungsursachen stellte Hilde Domin damit ins Zentrum der Vorlesung, denn: „Veränderung der Wirklichkeit, der Versuch, sie lebbarer zu machen, war ja hier das Thema."

Innerhalb des langen Gedichts nehmen zwei Textkörper durch ihre prägnante Kürze eine Sonderstellung ein. Die erste:

*Impfe*
*mit den Tränen der Gefolterten*
*uns Überlebende*
*uns Nachgeborene*

208

Dazu sagt Hilde Domin: „Das ist die zentrale Forderung des Gedichts." Und: „Der Mensch, der gelitten hat, ist eher geneigt, der Hoffnung Raum zu geben." Das ist etwas, das die Dichterin mit ihrem Leben glaubhaft macht. Sie weiß, dass der Verfolgte und der Exilant „mehr noch als der gewöhnliche Sterbliche zum Geschlecht der Sisyphiden" gehört.

Und deshalb ruft sie auf, „mit nie ermüdendem Atem", die Erinnerung wach zu halten an die Gewalttaten aller Kriege, besonders aber die Vernichtungstaten des Holocaust, um die „Nachgeborenen" zu „impfen" gegen Barbarei und Unmenschlichkeit.

Die zweite herausragende Textstelle ist zugleich der Ausklang des Gedichts. Sie wird, einer Botschaft gleich, dem Leser als Versprechen mit auf den Weg gegeben:

*Bergaufwärts gerollt*
*die Steine*
*werden Quelle und Brot*

Hier nun geht Hilde Domins Sisyphus-Interpretation weit über Camus hinaus. Es ist nicht nur das Akzeptieren des absurden Seins, sondern der Glaube an die Verwandlung durch die Tat. Wie den Israeliten auf ihrer Wanderung ins gelobte Land Manna und Wasser in einem Wunder geschenkt wurden, so ist im Bild von „Quelle und Brot" dieser alttestamentarische Mythos aufgegriffen und wird wie die Verheißung des gelobten Landes als Möglichkeit offeriert für eine geschwisterliche Weltordnung.

Die Kraft zur Veränderung erwächst aus der bewussten Annahme des unnützen, aber unermüdlichen Tuns für eine Heilung von Mensch, Erde und Kosmos.

So passte es auch, dass Hilde Domin ganz ans Ende ihrer letzten Vorlesung das Abel-Gedicht stellte. In einem gewissen Sinne ist ja Abel ein Bruder des Sisyphus, der in diesem Gedicht immer wieder neu aufgefordert wird, das Unmögliche zu tun.

„Das Gedicht als Augenblick von Freiheit" – im Schreiben, im Lesen, im Verstehen und letztlich Nachvollziehen eines Gedichts entsteht Freiheit für den Menschen. So versteht Hilde Domin die Wirkung von Dichtung. Schon in „Wozu Lyrik heute" hatte sie die Wirkmöglichkeit und -mächtigkeit von Gedichten beschrieben: „Der Lyriker bietet dem Menschen etwas, das nicht wieder nur Vorbereitung für etwas anderes wird: das ›Unnütze‹ und zugleich ›Unverzichtbare‹, das, worauf es in Wahrheit ankommt. Der Lyriker bietet uns die Pause, in der Zeit stillsteht." Und jener Moment des Innehaltens, des Gewahrwerdens seiner selbst schenkt dem Menschen einen Augenblick von Freiheit, den er immer wieder neu erfahren kann.

# Dankbarkeit –
# das allergrößte Trotzdem

Hilde Domin war in den Jahren 1987/88 auf dem Höhepunkt ihrer Bekanntheit und ihres Erfolges als Lyrikerin angekommen.

1987 feierte sie ihren 75. Geburtstag (zu der Zeit galt noch 1912 als Geburtsdatum). Aus diesem Anlass erschien die Gesamtausgabe ihrer Gedichte, die sie ihrem Mann widmete. In Zeitungsartikeln und Festakten wurde sie als eine der bedeutendsten deutschen Gegenwartsautorinnen und Dichterin gefeiert. Und es erreichte sie ein Widmungsgedicht des chilenischen Dichters Alberto Baeza Flores, der in Santo Domingo Student ihres Mannes gewesen war und sie beide gemeinsam während der Vorlesungen erlebt hatte, in denen Hilde Domin ihrem Mann am Epidiaskop assistierte. Die letzten Verse des Gedichts lauten:

*Und Sie und Erwin waren dort für uns / zwei Blätter / Dichtung, Denken, Freundschaft. / – Und das war, was wir damals hatten / von diesem Wald, der brannte: / Deutschland …*

Auch der Dichter Erich Fried widmete Hilde Domin zu ihrem 75. Geburtstag ein Gedicht mit dem Titel „Das Gesicht einer Frau", dessen dritte und letzte Strophe lautet:

211

*Ich sehe dich / zwischen den Buchstaben / deiner Verse / Deine Schönheit / ist aufgehoben / in ihnen / Sie erklären / dein Leben / und verklären / dein sich und dir / treu gebliebenes / altersschönes Gesicht*

Die Lyrikerin Ulla Hahn erinnerte sich in ihrer Laudatio zum „Friedrich-Höderlin-Preis", der Hilde Domin 1992 verliehen wurde, an ihre erste Begegnung mit der Dichterin zu einer Feier ihres 75. Geburtstages in Köln, zu der sie mit ihrem Mann gekommen war: „Ich sah Sie beide, und ich dachte: ein Paar. Ihr hieltet euch an den Händen und ihr stiegt in einem unerschütterlichen Gleichmaß der Schritte die Treppe zum Festsaal hinauf, und ich dachte: So müssen sie durch Länder und Jahre gegangen sein, so einander haltend, so sich aneinander haltend. Und ich dachte: Da gehen zwei Kinder, oder besser, zwei wie die Kinder in einem Paradies für Erwachsene, einem zweiten Paradies, aber ein Paradies doch. Trotz allem. Und später dachte ich: Wie lange muß man probieren, wie oft stolpern, fallen und sich wieder aufrappeln, wie viel Ausdauer, Geduld und Zuversicht braucht es, um so im Gleichklang gehen zu können, als hätte es anderes nie gegeben."

Schöner kann man das gemeinsame Gehen von Hilde Domin mit ihrem Mann kaum schildern. Als ich die Dichterin persönlich kennen lernte, war Erwin Walter Palm bereits schwer erkrankt. Während seiner Krankheit schrieb Hilde Domin für ihn ein Gedicht, in dem – wie auch schon in vielen anderen Gedichten – die tiefe Gemeinschaft, die fraglose Zusammengehörigkeit, das Vertrauen zueinander, das lebenslange Gespräch miteinander, das ganze gemeinsame Leben in einer immerwährenden Liebe zueinander zum Ausdruck kommt:

*Um uns bis an die Zimmerdecke*
*sitzt die Welt*
*die Jahrhunderte auf den Regalen*
*ich frage dich oder du fragst*
*die Jahrhunderte spitzen die Ohren*
*Tiere im Zirkus*
*Ein Wink und sie springen*
*gehorsam geben sie Antwort*
*Alles was gelebt hat*
*was leben wird*
*antwortet dir*
*du antwortest mir*
*ringsum nicken sie uns zu*
*weil du da bist*
*und alle kennst*
*da ist keiner tot der gelebt hat*
*solange du bei mir bist*

Hilde Domin schickte mir das Gedicht in handschriftlicher Fassung, mit dem Entstehungsdatum versehen: Nacht 1./2. 12. 87. Nur noch ein halbes Jahr lang war diesen beiden Liebenden die Gemeinschaft vergönnt. Am 7. Juli 1988 verstarb Erwin Walter Palm. Damit ereilte Hilde Domin das, was sie einmal als größtes Unglück für sich bezeichnet hatte: der Verlust der Zweisamkeit. Es war nach Verfolgung und Vertreibung das tragischste Ereignis in ihrem Leben. 56 Jahre ihres Lebens hat Hilde Domin an der Seite ihres Mannes gelebt.

Als ich sie 1989 auf ihre Einladung hin zum ersten Mal in ihrer Wohnung in Heidelberg besuchte, fühlte ich noch immer ihre große Traurigkeit über den Verlust des geliebten Mannes. Ich erlebte, wie sie die Zweisamkeit im täglichen Umgang mit seinem Werk fortsetzte. Ihre Sorge, ihr Denken galt damals vornehmlich seinen Arbeiten, seinem literarischen und wissenschaftlichen Nachlass. Die Arbeit daran ließ sie vergessen, dass ihre Wohnung nicht mehr erfüllt war von seiner Stimme, dass sie nicht mehr wie all die Jahre zuvor gemeinsam arbeiteten, nur durch eine Tür getrennt. Sie übernahm die Arbeit an den Werken, die nicht mehr hatten veröffentlicht werden können. Das Alleinsein wurde auf diese Weise leichter erträglich.

Sie hat sich mit seinem Fehlen nicht abgefunden. An vielen Stellen in der Wohnung liegen seine Bücher und Manuskripte, stehen Fotos von ihm. Dort stellt sie mitgebrachte Blumen stets hin. „Erwin wäre so gerne hundert Jahre alt geworden", erzählt sie mir. Und: „Man sagt immer, im Laufe der Jahre käme man darüber hinweg. Aber das ist nicht so. Das Gegenteil ist der Fall."

Wir sprechen während unseres Beisammenseins über Gedichte, über das Schreiben, über das Leben und den Tod. Das Gedicht „Die schwersten Wege", das sie jemandem gewidmet hat, der nach dem Tod eines geliebten Menschen weiterleben muss, ist auch für sie Wirklichkeit geworden. Und sie sagt dazu: „So weit bin ich noch nicht!" Den Trost, den sie einem anderen zusprach, die Zuversicht in das Leben, „in den freien Atem des Tags", kann sie für sich noch nicht empfinden. „Und doch, wenn du lange gegangen bist, / bleibt das Wunder nicht aus, / weil das Wunder immer geschieht, / und weil wir ohne die Gnade / nicht leben können / … Und die verlierbaren Lebenden / und die unverlierbaren Toten / dir das Brot brechen und den Wein reichen …"

Wie sehr sie auch jetzt noch geistig mit ihrem Mann zusammenlebt, zeigt sich immer wieder in Gesprächen, in denen sie ihn einbezieht, als könnte er jeden Moment wieder zur Tür hereinkommen. Sein Arbeitszimmer hat sie unverändert gelassen seit seinem Tod. Es wirkt so, als wäre dort noch einer an seiner Arbeit.

Zur Zeit unserer Verabredung ist ganz Heidelberg ein Blütenmeer. Es ist die Zeit der „blühenden Bäume", die Hilde Domin so sehr liebt. Kastanien, Magnolien, Glyzinien und Flieder erfüllen die Stadt mit Blütenpracht und Blütenduft. Über dem Schloss sind dunkle Wolken heraufgezogen. Unseren Vorsatz, einen Spaziergang im Schlosspark zu unternehmen, müssen wir aufgeben.

„Jetzt im Frühling, ich weiß nicht warum gerade jetzt, ist es für mich ganz besonders schwer. Nach außen sieht alles so aus, als wäre es normal. Aber das ist es für mich nicht."

Mir fallen ihre Verse ein: „Und die blühenden Bäume / verlieren die Blüten nicht mehr / in dem ewigen Morgen", und ich frage sie, ob sie an diesen ewigen Morgen, an ein ewiges Leben glaube. Sie antwortet, dass sie keine konkreten Vorstellungen von einem Weiterleben nach dem Tode habe. Aber ihre Freundin Hilda Heinemann habe kurz vor ihrem Tode – ihr Mann war wenige Jahre zuvor gestorben zu ihr gesagt: „Ich sehe Gustav in der Glorie auf mich warten." Und sie zitiert mir noch einige Verse von Else Lasker-Schüler: „Das ewige Leben dem, der viel von Liebe weiß zu sagen. / Ein Mensch der Liebe nur kann auferstehen."

Ja, an die Liebe glaube sie unbedingt, sagt sie, im Leben und auch über den Tod hinaus. „Aber die Liebe / der Tode und Auferstehungen fähig", so hat sie selbst es ausgedrückt und auch so: „Wir gehen / jeder für sich / den schmalen Weg ... als seien wir beschützt / solange die Liebe / nicht aussetzt."

Plötzlich – mitten in unserem Gespräch – ist die kleine, vorhin noch so lebhafte und quicklebendige Frau müde. Ich muss meinen Besuch beenden. „Nicht müde werden", sagt Hilde Domin noch zu mir, während wir schon zur Tür gehen. „Dieses Gedicht wird von der katholischen Kirche als Viaticum verwendet."

Ja, Wegzehrung, Wegbegleiter ins Jenseits.

Sie sagt es mit leiser Stimme. Ich spüre ihre Zerbrechlichkeit. Und zugleich ihren Mut. Wir verabschieden uns voneinander. Bis zum nächsten Mal. Ich trete hinaus ins Sonnenlicht. Die düsteren Regenwolken haben sich wieder verzogen. Ein heftiger Regen hat die Luft geklärt. Die blühenden Bäume haben ihre Blütenblätter wie einen Teppich auf die Straßen von Heidelberg gestreut.

Bei späteren Besuchen haben wir auch über das Verhältnis von Hilde Domin zu ihrem eigenen Tod gesprochen.

„Ich bereite mich auf meinen Tod vor", hat sie mehrfach festgestellt, als sie damit beschäftigt war, ihrer beider Bücher und Schriften für den Nachlass zu katalogisieren: was ins Schillerarchiv in Marbach und was in die Universitätsbibliothek Heidelberg gehe. Es klang so, als hätte sie gesagt: „Ich gehe jetzt meine Blumen gießen."

1992 erschienen die „Gesammelten Essays" und die „Gesammelten autobiographischen Schriften" von Hilde Domin. Zusammen mit den „Gesammelten Gedichten" lag nun ein rundes Lebenswerk der Dichterin vor.

1992 war auch ein Jahr zahlreicher Ehrungen. So erhielt sie den „Friedrich-Hölderlin-Preis der Stadt Bad Homburg", die „Carl-Zuckmayer-Medaille des Landes Rheinland-Pfalz", die Heidelberger Universitätsmedaille und die Ehrenprofessur des Landes Baden-Württemberg.

Einen besonderen Preis stellte ein neu gestifteter Preis der Stadt Heidelberg dar, der Hilde Domin als erster Preisträgerin noch unter dem Namen „Literatur im Exil" verliehen wurde. Nach ihrem Tode wird er ihren Namen tragen. So wird ihr Werk in ihrer Wahlheimatstadt Heidelberg eine bleibende Heimstatt finden.

Die Verleihung des Literaturpreises der Konrad Adenauer-Stiftung im Jahre 1995 stellte einen weiteren Höhepunkt dar. Der Festakt fand im Goethehaus in Weimar statt. In der Urkunde wurde Hilde Domins Engagement für eine „Humanität bei Lebzeiten" hervorgehoben und betont: „Hilde Domin hat sich in herausragender Weise ebenso mutig wie unermüdlich für die Freiheit und Wahrhaftigkeit des Wortes eingesetzt."

In seiner Laudatio berichtete Marcel Reich-Ranicki humorvoll, wie die Jubilarin ihn manchmal in aller Früh anrief, um ihm ihre Meinung über irgendeinen Zeitungsartikel oder eine Radio- oder Fernsehnachricht mitzuteilen, über die sie sich empörte. Er habe dann oft versucht, bremsend auf ihren Eifer sich einzumischen, einzuwirken. „Natürlich haben meine Proteste gar nichts bewirkt", erzählte er und resümierte seinen Befund über die Dichterin, die selbst wie auch ihre Dichtung „außerhalb jeder Regel" stünde: „Es waren immer Aktionen und Reaktionen einer Person, die vor allem wachsam war und sein wollte, die es für richtig hielt, gegen dieses und jenes zu protestieren. Und wenn sie nicht viele Preise – jedenfalls nicht die höchsten – bekommen hat, liegt das, wie ein Kritiker einmal zu Recht geschrieben hat, an ihrer Energie, an diesem Durchsetzungswillen, an ihrer Weigerung wegzuschauen." Reich-Ranicki ging in seiner Rede auch auf den genius loci ein: „Ich beglückwünsche Sie auch zu der bedeutsamen Tatsache, dass Sie diesen Preis gerade in Goethes Haus erhalten. Denn für uns", führte er weiter aus, „die wir doch in und mit der Literatur leben, ist es Deutschlands wichtigstes Haus." Der durchaus auch für sein scharfes Urteil bekannte Kritiker lobte an Hilde Domins Lyrik die Klarheit, Entschiedenheit und Unabhängigkeit und beendete seine Rede mit unmissverständlicher Anerkennung: „Auf ihre Art ist Hilde Domins Poesie in deutscher Sprache einmalig. Niemand hat so gedichtet wie Hilde Domin. Und so ist es gut und richtig, dass sie mit einem hohen Preis ausgezeichnet wird und dass sie den Preis in dem Haus jenes Dichters erhält, von dem das große Wort stammt: ›Alle menschlichen Gebrechen / Sühnet reine Menschlichkeit.‹"

Unsere Zeit, in der einerseits die streng und eng definierte Sprache der Wissenschaft, andererseits der zur Unterhaltung verkommene Sprachgestus der Medienlandschaft bestimmend sind, hat sich in der Dichtung diese letzte Nische des Ganzheitlichen bewahrt, „bei den letzten ›Naturmenschen‹ der alten Welt, bei den Dichtern", wie Günter Kunert einmal schreibt, und er wünscht, „daß wir uns doch wenigstens durch das dichterische Wort an das erinnern lassen, was wir rettungslos versäumt haben – uns den Traum zu bewahren, der Leben heißt". Deshalb, so drückt es Hilde Domin aus, hat Poesie utopischen Charakter.

Tatsächlich wurde Hilde Domin auch in den Folgejahren nie müde, ihre Botschaft – bei vielen Lesungen im In- und im Ausland – den Zuhörern ans Herz zu legen. 1989 hatte sie ihre Poetikdozentur an der Universität Mainz unter das Motto „Das Paradox als Stilmittel" gestellt und darin erläutert, dass derjenige, der zum Paradox greife, jenseits aller Ideologien stünde. Ein Spezifikum Dominscher Vorträge ist ihre engagiert persönliche, von humanistischem Elan getragene Analyse, bei der sie sich zugleich als *poeta doctus* und als *homo politicus* erweist.

Bezeichnend für Hilde Domin ist, was sie in ihrem Vorwort zu den „Gesammelten Essays" schreibt und was als Lebensresümee gelten kann: „Alles ist getragen von dem Gefühl der Dankbarkeit, für die Hilfe, die mir in fast ausweglosen Situationen nie gefehlt hat … Dankbarkeit zunächst für die Eltern, die mich … mit allem versehen haben, was mir ermöglichte, die Verfolgung, die immer neue Entwurzelung mit Mut und Zuversicht zu überstehen. Dank für das Hand-in-Hand mit Erwin Walter Palm, das mir, das uns fast sechs Jahrzehnte lang, von 1932-1988, die Kraft gab zu immer neuen Neuanfängen, die einer alleine gewiß nicht so gehabt hätte. Und Dankbarkeit für die vielen Menschen, Deutsche und Ausländer jeder Hautfarbe, die uns immer wieder geholfen haben. Das Hauptwort in meinen Lebensberichten, den autobiographischen wie den andern, ist Vertrauen, widerständiges Vertrauen, Dennoch-Vertrauen ... Ich glaube, das Wichtige ist, dass wir nicht nur die Erinnerung an das Erlittene weitergeben, sondern auch die Erinnerung an die empfangene Hilfe. Und dass wir die jungen Menschen dazu ermutigen, nie wegzusehen, sondern immer hinzusehen, wenn Unrecht geschieht, und die Welt zum Menschlicheren hin zu verändern: nicht durch Ideologien, sondern indem der Einzelne, wo Hilfe nötig ist, das Schicksal eines Einzelnen zum Besseren wendet."

In unserem Gespräch drückt sie es so aus: „Ja, ich bin ein Dennoch-Mensch! Mein Glaube ist, dass man dennoch Vertrauen, dennoch Zuversicht haben kann." Das sagt eine Frau, die, wie sie es mir gegenüber ausdrückt, „ein schweres und doch auch glückliches und begnadetes Leben" hatte.

Als Zeugin des 20. Jahrhunderts, in dem so viel Unheilvolles geschah, gilt Hilde Domins Interesse und Sorge ganz besonders der Zukunft der jungen Generation. So sagt sie nach einer nachdenklichen Pause: „Man muss hoffen, dass die jungen Leute ein einfacheres Leben haben. Ich hoffe, dass es ihnen erspart bleibt, dass sie Verfolgte werden. Ich hoffe, dass dieses Jahrhundert als demokratisches zu Ende geht und die Menschen nicht so malträtiert."

Lyrik sei, so hebt Hilde Domin hervor, ein wunderbares Mittel, die Identität des Menschen zu stärken. Dadurch, so hofft sie, würde er weniger anfällig für Ideologien. In ihren Gedichten ruft sie auf gegen Konformismus, Mitläufertum, Anpassung und fordert auf zu Zivilcourage und Solidarität mit den Schwachen und Verfolgten. Da ist Hilde Domin ganz die wache und kritische Teilnehmerin an den politischen Aktualitäten, sei es vor der eigenen Haustür oder in fernen Ländern. Sie schreckt nicht davor zurück, sich mit mutigen Meinungsäußerungen unbeliebt zu machen. Das Eintreten für Rechte von Unterdrückten ist für Hilde Domin eine Selbstverständlichkeit: Das können Flüchtlingsfamilien aus Bosnien sein, denen die Abschiebung droht, oder zwei uralte Bäume, die sie durch ihr Veto vor dem Gefällt werden bewahrt. „Nicht auszudenken", erklärt sie mit der ihr eigenen Lebendigkeit und Vehemenz beim Spaziergang durch den nahe gelegenen Schlosspark, als sie mir die geretteten Bäume zeigt, „solche Bäume, die schon Goethe und Hölderlin gesehen haben, einfach verschwinden zu lassen!" Klein und eher zerbrechlich wirkend, besitzt sie immer noch eine unglaubliche Vitalität. Außerdem: „Immer nur zu Hause sitzen im Elfenbeinturm, das würde mich nicht befriedigen", erklärt sie heiter, „ich lerne gerne neue Menschen kennen."

Wie frisch und lebendig Gedichte bleiben, erfährt Hilde Domin durch die Rückkopplung ihrer Leser und Zuhörer. Sie habe sogar festgestellt, so erzählt sie mir, dass sie immer noch Neues lernen könne über ihre eigenen Gedichte. Gerade sei ein Pole bei ihr gewesen, der mit ihr Gedichte für eine Anthologie ausgewählt habe. „Das war eine unterhaltsame Sache für mich zu sehen, was er in manche Gedichte hereinliest", meint sie, und ihre Augen sprühen vor Lebhaftigkeit. Sie betont: „Weil die Gedichte so frisch sind, erkennen sich alte und junge Menschen in ihnen wieder."

Besonders – wie mir scheint zunehmend – wichtig ist der Dichterin der Austausch mit der jungen Generation. Angesprochen auf die aktuelle Lage in der Bundesrepublik äußert Hilde Domin ihre Meinung so: „Wir leben ja in einem der reichsten Länder der Welt. Es freut mich natürlich, dass wir Wohlleben haben, aber jetzt ist der Zeitpunkt gekommen, wo Menschen auch zum Verzicht bereit sein müssen." Wenn man sich von der Vorstellung verabschiede, immer mehr haben zu wollen, bereit zu sein zum Teilen – beispielsweise auch der Arbeit –, dann, so glaubt sie, könne die derzeitige Wirtschaftskrise überwunden werden. „Ich bin ein Dennoch-Mensch, ganz sicher", bekräftigt Hilde Domin ihre Ausführungen noch einmal, „mein Glaube ist, dass ein Dennoch immer möglich ist!"

So wie ihre Gedichte sind, so ist auch die Dichterin selbst. Es ist die Frage der Wahrhaftigkeit und die der Zugehörigkeit, auf die sie mit ihrem Leben und ihrer Dichtung Antwort gibt. Bei einem meiner letzten Besuche sage ich zu ihr, dass man wahrlich von einem „gesegneten" Alter sprechen könne, das sie erreicht habe. „Ja", gibt sie zur Antwort, „es ist eine Gnade."

Mir fällt ein, wie sie einmal in einem Vortrag Heinrich Heine mit seinen Versen zitierte „Wie im Leben, so im Dichten / ist das höchste Gut die Gnade" und dazu meinte: „Das möchte ich sofort unterschreiben. Und Sie alle sicher auch."

Dass längst nicht alle Zuhörer diesen Satz unterschrieben, zeigte sich in der anschließenden Diskussion, in der das Wort Gnade auf erheblichen Widerstand stieß. Doch Hilde Domin blieb vehement bei ihrer Auffassung, „dass wir ohne die Gnade nicht leben können". Gnade verstanden als Geschenk, zum Beispiel auch das der Kreativität. „Die Gnade ruht auf einem Augenblick", antwortete sie jemandem auf die Frage, was uns denn heute so ein Wort noch solle.

„Ja, ich empfinde mein Leben als Gnade", betont Hilde Domin noch einmal. „Denn Gnade ist etwas, was man empfängt, das nicht unbedingt begründbar ist, sondern man hat Glück oder Gnade. Man kann das eine oder andere sagen. Ich sage Gnade, weil es bescheidener ist."

Ich habe Hilde Domin auch nach ihrem Glauben gefragt. Ob sie an Gott glaube. Das wolle sie offen lassen, gibt sie zur Antwort und sagt weiter: „Ich glaube an die Gnade, die Gnade als Geschenk."

Ja, Gnade als Geschenk. Von wem, frage ich. Das wolle, könne sie nicht beantworten. „Da ist natürlich etwas", sagt sie. Und dass wir hier auf dieser Welt nicht ganz zu Hause sind, wie Böll es sagt, das denkt sie auch. Und der Exilierte – sie sagt „Ex-Exilierte" – erfährt es in besonderer Weise. Aber wie und wo dieses Zuhause sei, will sie offen lassen. Vielleicht im Urvertrauen.

„Mein Mann hat sich sehr zum Katholizismus hingezogen gefühlt", erzählt sie mir. „Ich selbst habe mehr zum Protestantismus geneigt. Erwin wäre sicher zum katholischen Glauben übergetreten. Aber wir konnten doch diese Schicksalsgemeinschaft der Verfolgten nicht einfach verlassen. Man kann nicht fortlaufen." Und sie fügt noch hinzu: „Der Mensch soll sich nicht drücken."

Aber es ist wahr, sagt sie, den Juden sei häufiger und krasser die Rolle des Ecce homo zugefallen, aufgedrängt worden als anderen. So sieht Hilde Domin in dem jüdischen Schicksal nur den Extremfall des Allgemeinen. Darin sei der Jude der direkte Erbe Jesu, meint sie: „Jesus war auch ein Dennoch-Mensch."

*Ecce Homo*

*Weniger als die Hoffnung auf ihn*

*das ist der Mensch*
*einarmig*
*immer*

*Nur der gekreuzigte*
*beide Arme*
*weit offen*
*der Hier-Bin-Ich*

Nur der leidende Mensch, derjenige, der sein Leiden auf sich nimmt für die anderen, ist ganz Mensch: „Hier-Bin-Ich". Mit offenen Armen ist er zur Vergebung bereit, glaubt dennoch an das Gute im Menschen, liefert sich selbst aus, damit es möglich werde, dass noch einmal neu begonnen werden kann: „… damit wir es vor uns haben / dies Ja ich bin hier / ich / dein Bruder" (Abel steh auf).

Plötzlich sagt sie – und sie sieht mich dabei an, als habe sie eine unerwartete Entdeckung gemacht: „Ein Mensch, der wirklich gläubig ist, braucht das Dennoch nicht. Nicht wahr, das ist doch so. Dieser Gedanke ist mir eben zum ersten Mal gekommen."

Ich muss sie wohl erstaunt und ein wenig fragend angesehen haben. Als müsse sie ihn selbst noch einmal überprüfen, formuliert sie den soeben geäußerten Gedanken neu: „Wer an Gott glaubt, der braucht kein Dennoch. Wer (nur) an den Menschen glaubt, der braucht ein Dennoch." Noch einmal schaut sie mich an, überlegt, nickt und sagt bekräftigend: „Ja, so ist es!"

Nach einer Weile fügt sie hinzu und ihre großen, dunklen ausdrucksvollen Augen sehen mich geradeheraus an: „Ich glaube, dass man Gnade haben kann. Wenn man dankbar ist, kann man die Möglichkeit dazu haben. Dankbarkeit ist eine Eigenschaft, die viel zu wenig da ist. Aber sie *muss* da sein."

„Junge Menschen", fährt sie fort, „sollten, wenn sie gute Mütter und Väter haben, diese nicht vergöttern, aber sie sollten dafür dankbar sein. Und sie sollten auch selbst innerhalb der Familie eine gute Atmosphäre aufrechterhalten, wenn es machbar ist." Dankbar äußert sie sich immer wieder für das lange gemeinsame Leben mit ihrem Mann. „Es war eine wunderbare Zeit, – nun ja, manchmal vielleicht nicht wunderbar, aber lebenswert", erzählt sie und gebraucht noch einmal den Begriff der Gnade für die gemeinsam erlebten Jahre und ergänzt: „Das Leben ist ja überhaupt lebenswert."

„Das ist für mich eine Hauptfreude, wenn ich morgens das Grün der Bäume und das Blau des Himmels sehe. Das erheitert mich, und ich bin immer wieder froh", sagt sie zu mir, als sie mich, wie schon oft zuvor, ans Fenster mit dem herrlichen Ausblick auf die Bäume und die Stadt Heidelberg führt. Und sie fügt hinzu: „Man soll nichts zur Gewohnheit werden lassen, sondern die Freude lebendig halten, wenn man kann."

So ist für die Dichterin das Alter, ihr hohes Alter, auch gar nicht wichtig. „Wichtig ist", sagt sie zu mir, „dass man neugierig bleibt und noch staunen kann. Außerdem ist entscheidend, ob man präsent ist. Dann spielt das Alter keine Rolle." Und deshalb ist es für sie auch heute noch Lebenselixier und Freude, Lesungen zu halten und dabei Menschen zu begegnen.

„Wenn ich bedenke, dass ich keine Kinder habe, mein Bruder vor einigen Jahren gestorben ist und ich infolge der Nazis überhaupt keine Verwandten mehr habe, so habe ich doch das große Glück, durch meine Gedichte mit vielen Menschen, außerordentlich liebenswürdigen Menschen, zusammenzutreffen. Die Gedichte sind für mich meine Kinder. Und ich habe das Zutrauen, dass sie mich überleben werden."

Was würde sie jungen Menschen mit auf den Weg geben wollen? Ihre Antwort kommt ohne Zögern: „Den jungen Menschen würde ich ans Herz legen, dass sie stets ihr eigenes Gewissen fragen und nicht, ob sie *in* sind oder nicht *in*, sondern dass sie mit sich selbst *in* sein sollten."

In dem Essay „Ratschlag für Abiturienten", der sich wie ein zusammengefasstes Lebenscredo dieser leidenschaftlichen, unermüdlich und furchtlos für eine gelebte Humanität sich einsetzenden Dichterin liest, heißt es: „Vermehrt den Haß nicht. Vermehrt die Angst nicht. Geht auf Distanz zu Euch selbst … In dieser Distanz ist die Möglichkeit zur Freiheit … Gebt dem andern eine Chance … Etikettiert ihn nicht. Vertrauen ist das Schlüsselwort. ›Vertrauen, dieses schwerste ABC‹. Buchstabiert es täglich neu."

„Zivilcourage", sagt sie in unserem Gespräch, „besteht darin, mit sich selber eins zu sein und nichts zu tun, worüber man sich schämen müsste vor sich selber." Und sie bekräftigt noch einmal: „Man soll das tun, was das eigene Gewissen sagt."

Dann wird sich vielleicht eines Tages erfüllen, was Hilde Domin in ihrem Gedicht „Irgendwann" so ausgedrückt hat: „Es wird sein von immer zu immer / wie die Tränen gleich sind auf allen Gesichtern / durch die Kontinente, die Jahrhunderte, / wenn es kommt / dieses Lächeln / gleich hell auf den Gesichtern / aller Hautfarben / dieses Einverständnis / ist und wird gleich sein / immer / das Lächeln / der Verzicht."


Zwölf Jahre nach den „Gesammelten Gedichten" erscheint zu ihrem 90. Geburtstag der Lyrikband „Der Baum blüht trotzdem". Seltsamerweise ist das Buchcover nicht etwa, wie man es vom Titel her vermuten könnte, farbig, frisch, frühlingshaft gestaltet, sondern grau gehalten, mit einem Baum, dessen Stamm einen langen Schatten wirft und dessen Blattwerk, verschwimmend in einer Wasseroberfläche, sich zu verlieren scheint. Hilde Domin hat in diesem Band einige bereits veröffentlichte, aber auch viele neue Gedichte zusammengestellt. Diese sind – und damit ist die Umschlaggestaltung des Buches stimmig – in meinen Augen zum größten Teil als *Memento mori*-Gedichte zu lesen. Den Auftakt bilden drei ihrem Mann gewidmete Gedichte. Ein Hauch von Abschied liegt über den meisten der knapp siebzig Gedichten.

„Wie eng am Tode / führt unser Weg / Oh Lieber bedenk es / wie geliehen wir sind / wie flüchtig das Unsre" (Unsere langen Schatten) oder „Mein Schatten / der schmalste einsamste / unter den Toten" (Lichtinsel) oder „Geh nicht als ein Erlöschender / in das Erlöschen" (Appell) mögen als Beispiele dienen für dieses Eingedenksein der Sterblichkeit, der Einsamkeit.

Doch das ist nur die eine Seite der Medaille. Die andere: das Trotzdem. „Irgend etwas ist immer da / das sich zu lieben lohnt" (Vaterländer) oder „Ohne den Mut / ganz hier zu sein / werden wir täglich ärmer" (Weil verlieren so leicht ist) oder „In mir ist immer / Glaube, / als sei das goldene Seil / wer es auch auswirft / dem Notrufer / heilig / geschuldet" (Notrufer).

Von ihren späten Gedichten kann man einen Bogen schlagen zu ihren ganz frühen. Die leise, zu keinem Zeitpunkt abgehobene, nie dem Zeitgeist opportune Poesie, diese zarten Gebilde von poetischer Dichte und Kraft, von prägnanter Knappheit und zugleich von bildhafter Leuchtkraft, haben ihre Frische bewahrt und die Fähigkeit, den Leser unmittelbar anzurühren. Es ist tatsächlich die „Vollkommenheit im Einfachen", die Walter Jens rühmte, die Hilde Domins Gedichte auszeichnen.

*Ich gehe vorüber –*
*aber ich lasse vielleicht*
*den kleinen Ton meiner Stimme,*
*mein Lachen und meine Tränen*
*und auch den Gruß der Bäume am Abend*
*auf einem Stückchen Papier.*

*Und im Vorbeigehn,*
*ganz absichtslos,*
*zünde ich die eine oder andere*
*Laterne an*
*in den Herzen am Wegrand.*

Diese Verse, vor beinahe fünfzig Jahren geschrieben, haben sich als wahr erwiesen.

Als Hilde Domin zu ihrem 95. Geburtstag von der Stadt Heidelberg das Ehrenbürgerrecht verliehen wurde, dankte sie mit den Worten: „Mein Hauptgefühl ist Dankbarkeit, dem Leben gegenüber und auch gegenüber der Stadt Heidelberg." In einem Nachruf auf ihren Freund Manès Sperber hatte sie hervorgehoben, dass auch bei ihm Dankbarkeit das Fazit seines Lebens gewesen sei. Und sie fand dafür die wunderbare Formulierung: „Dankbarkeit, dies allergrößte Trotzdem."

„Verlorene Schritte tu ich / auf Erden, denn alles ist Luft." Diese Verse von Lope de Vega, die ihrem ersten Gedichtband in spanischer Sprache als Motto voranstehen, schrieb mir die Dichterin, ins Deutsche übersetzt, in mein Exemplar und verwies auf ihre dem Dennoch verpflichtete poetische Antwort:

*Ich setzte den Fuß in die Luft,*
*und sie trug.*

Auf dem Heidelberger Bergfriedhof befindet sich ein Doppelgrab mit einer rosa Sandsteinplatte, auf der zu lesen steht: „Wir setzten den Fuß in die Luft, und sie trug." Erwin Walter Palm ist dort bestattet. Hildes Namen befindet sich auch auf dem Grabstein. Nur das Datum fehlt noch.

Im ersten Gedicht ihres Bandes „Der Baum blüht trotzdem" spricht Hilde Domin zu ihrem verstorbenen Mann. Das Gedicht ist ein wundersam anrührendes Zeugnis einer auch durch den Tod nicht auszulöschenden Liebe.

*Mein Herze wir sind verreist*

*Mein Herze*
*wir sind verreist*
*nach verschiedenen Weltteilen*
*Euridyke*
*meine Hand*
*deine Schulter berührend*
*Ich schreibe mit deinem Stift*
*ich möchte eintreten*
*durch diese großen Trichter*
*am Meer*
*in das Reich*
*in dem du gehst oder liegst*

*oder stehst*
*in dem du jetzt alles weißt*
*oder alles vergisst...*

Auf dem Grabstein auf dem Heidelberger Friedhof hat Hilde Domin ihr Dennoch für die Nachwelt festgehalten: den utopischen Glauben, dass die Luft trägt. Nach den langen Jahren des Exils und der erzwungenen Wanderschaft durch die Kontinente hat sie die Frage, ob sie in Deutschland wieder eine bleibende Heimat finden könnte, positiv entschieden mit diesem Grabstein, mit diesem Grab für ihren Mann und sich selbst.

In ihrem allerersten in Deutschland nach der Rückkehr geschriebenen Gedicht „Apfelbaum und Olive" hatte sie die vorsichtige Hoffnung darauf, dass sie eines Tages hier wieder zu Hause sein könnte, in dem Bild des Friedhofs ausgedrückt:

*... und eine kleine Kirche auf einem Hügel*
*mit einem einsamen Friedhof*
*winkt dir zu.*
*Du wägst ihren Gruß wie eine Einladung,*
*die man eines Tages*
*noch ungewiß, wann –*
*vielleicht gerne annehmen möchte ...*

Hilde Domin hat die Einladung angenommen. Und sie ist dankbar dafür, dass sie sie annehmen konnte, dankbar, wie sie sagt „dass wir auf dem Heidelberger Friedhof eine Stätte haben dürfen und dass ich darauf schrieb, auf dies Stück Erde, als Ausdruck meiner Dankbarkeit, dass ›die Luft uns trug‹. Dankbar für beides: für das doch immer wieder mögliche Leben im Unmöglichen, was den vielen hilfreichen Menschen geschuldet ist, und dafür, dass wir zurückkehren durften und wieder zu Hause sein."

„Nur Ewigkeit ist kein Exil", diese Verszeile von Else Lasker-Schüler, deutsch-jüdischer Abstammung wie Hilde Domin und wie sie ins Exil gezwungen durch die Nazi-Herrschaft, hat Hilde Domin in unseren Gesprächen wiederholt zitiert. Nun, da sie ihrem geliebten Mann in das Reich gefolgt ist, in dem er „jetzt alles weiß / oder alles vergisst", wird sich erfüllen, was sie als Vision beschrieb:

*Die blühenden Bäume*
*verlieren die Blüten nicht mehr*
*in dem ewigen Morgen.*

# Ausgewählte Literatur

Hilde Domin: Nur eine Rose als Stütze, Gedichte

Hilde Domin: Rückkehr der Schiffe, Gedichte

Hilde Domin: Hier, Gedichte

Hilde Domin: Ich will dich, Gedichte

Hilde Domin: Gesammelte Gedichte

Hilde Domin: Der Baum blüht trotzdem, Gedichte

Hilde Domin (Hg.): Doppelinterpretationen. Das zeitgenössische deutsche Gedicht zwischen Autor und Leser

Hilde Domin: Das zweite Paradies, Roman in Segmenten

Hilde Domin und Clemens Greve (Hg.): Nachkrieg und Unfrieden. Gedichte als Index 1945-1995

Hilde Domin: Wozu Lyrik heute. Dichtung und Leser in der gesteuerten Gesellschaft

Hilde Domin: Von der Natur nicht vorgesehen. Autobiographisches

Hilde Domin: Aber die Hoffnung. Autobiographisches aus und über Deutschland

Hilde Domin: Das Gedicht als Augenblick von Freiheit. Frankfurter Poetik-Vorlesungen

Hilde Domin: Gesammelte Essays

Hilde Domin: Gesammelte Autobiographische Schriften

Bettina von Wangenheim (Hg.), Aktualisierte Neuausgabe von Ilseluise Metz: Vokabular der Erinnerungen. Zum Werk von Hilde Domin

Alle aufgeführten Werke sind im S. Fischer Verlag und im Fischer Taschenbuch Verlag erschienen.

# Zeittafel

| | |
|---|---|
| 1909 | Hilde Domin wird am 27. Juli in Köln geboren als erstes Kind von Eugen Löwenstein und seiner Frau Paula, geborene Trier. Der Vater stammte aus Düsseldorf und war promovierter Jurist. Die Mutter stammte aus Frankfurt/M. und war ausgebildete Sängerin. |
| 1929 | Abitur am Humanistischen Mädchengymnasium Merlo-Mevissen in Köln |
| 1929-1932 | Studium an den Universitäten Heidelberg, Köln, Berlin. Zunächst Jura, dann Wechsel zur Nationalökonomie, Soziologie und Philosophie. In Heidelberg bei den Professoren Karl Jaspers und Karl Mannheim. |
| 1931 | lernt Hilde Domin in Heidelberg ihren späteren Ehemann Erwin Walter Palm, Student der klassischen Archäologie und Philologie, kennen. |
| 1932 | wandern beide nach Italien aus und setzen in Rom und Florenz ihre Studien fort. |
| 1933 | wird durch die Machtergreifung Hitlers Italien zur ersten Station ihres Exils. |
| 1935 | promoviert Hilde Domin in Florenz bei Armando Sapori in Politischen Wissenschaften über das Thema: „Pontanus als Vorläufer von Machiavelli". |
| 1936 | Heirat von Hilde Domin mit Erwin Walter Palm auf dem Kapitol in Rom. |
| 1936-1939 | Hilde Domin unterrichtet Deutsch und ist Mitarbeiterin ihres Mannes. |
| Febr. 1939-Juni 1940 | Exil in England. Hilde Domins Eltern waren auf ihr Drängen 1933 dorthin ins Exil gegangen. Hilde Domin war dort Sprachlehrerin |

|  |  |
|---|---|
|  | am St. Aldwyn's College in Minehead (Somerset). |
| 1940 | Juni verlassen die Palms England auf einem Frachter und erreichen nach 6 Wochen ihr drittes Exilland, die Dominikanische Republik. |
| 1940-1954 | Exil in Santo Domingo. Erwin W. Palm erhält eine Dozentur an der Universität und betreibt Studien zu ibero-amerikanischer Architekturgeschichte. Hilde Domin bildet sich zur Fotografin aus und ist Mitarbeiterin ihres Mannes. |
| 1948 | wird sie zusätzlich Dozentin für Deutsch an der Universität Santo Domingo. |
| 1951 | Tod der Mutter und dadurch ausgelöste Krise. Hilde Domin schreibt ihre ersten Gedichte und beginnt damit ihre neue Existenz als Dichterin. |
| 1953 | Aufenthalt in USA. Dort erhält Erwin Walter Palm eine Einladung des DAAD nach Deutschland. |
| Februar 1954 | Rückkehr nach Deutschland nach 22-jährigem Exil. |
| 1954-1955 | in München. Der Verleger Dr. Franz Joseph Schöningh veröffentlicht einzelne Gedichte in der Zeitschrift „Hochland". |
| 1955-1957 | erster Spanienaufenthalt. Freundschaftliche Beziehungen zu den Dichtern Vicente Aleixandre und Dámaso Alonso. Veröffentlichung von Gedichten in der Zeitschrift „Caracola" in spanischer Übersetzung. |
| Mitte 1957- Februar 1959 | in Frankfurt am Main. Aufnahme von literarischen Kontakten. Ende 1957 werden in den Literaturzeitschriften „Akzente" und „Neue Rundschau" mehrere Gedichte von Hilde Domin veröffentlicht. Der S. Fischer Verlag bietet ihr an, einen Gedichtband zu publizieren. |

| | |
|---|---|
| Herbst 1959 | erscheint der erste Gedichtband „Nur eine Rose als Stütze" und wird von der Kritik sofort begeistert aufgenommen. Der Band wird Hilde Domin nach Madrid geschickt, wo sie bis Januar 1961 lebt. |
| 1960 | nimmt Erwin W. Palm zum Wintersemester den Ruf an die Universität Heidelberg an. |
| 1961 | im Februar erfolgt die endgültige Übersiedelung nach Deutschland. Die Palms beziehen ihre erste eigene Wohnung in Heidelberg. |
| 1962 | der zweite Gedichtband „Rückkehr der Schiffe" erscheint. |
| 1964 | dritter Gedichtband „Hier" |
| 1968 | „Das zweite Paradies – Roman in Segmenten" erscheint in einer aktualisierten Fassung mit einer Montage von SPIEGEL-Zitaten. |
| 1968 | die Lyriktheorie „Wozu Lyrik heute" erscheint. |
| 1968 | Hilde Domin erhält den Ida Dehmel-Literaturpreis (später GEDOK-Literaturpreis). |
| 1969 | der Band „Doppelinterpretationen", herausgegeben und mit einem Essay eingeleitet von Hilde Domin, erscheint. |
| 1970 | vierter Gedichtband „Ich will dich". |
| 1970 | die von Hilde Domin herausgegebene und kommentierte Anthologie „Nachkrieg und Unfrieden" erscheint. |
| 1971 | Hilde Domin erhält den Meersburger Droste-Preis. |
| 1974 | der Prosaband „Von der Natur nicht vorgesehen. Autobiographisches" erscheint. |
| 1974 | Hilde Domin erhält die Roswitha-Gedenkmedaille der Stadt Gandersheim. |
| 1976 | Hilde Domin erhält den Rainer Maria Rilke-Preis. |

| | |
|---|---|
| 1982 | der Prosaband „Aber die Hoffnung – Autobiographisches aus und über Deutschland" erscheint. |
| 1983 | erhält Hilde Domin den Nelly Sachs-Preis der Stadt Dortmund, das Bundesverdienstkreuz 1. Klasse und die Richard Benz-Medaille der Stadt Heidelberg. |
| 1986 | der Roman „Das zweite Paradies" erscheint in seiner ursprünglichen Fassung. |
| 1987 | Sammelband „Gesammelte Gedichte". |
| 1987/1988 | Hilde Domin hält die Frankfurter Poetik-Vorlesungen unter dem Titel „Das Gedicht als Augenblick von Freiheit". |
| 1988 | stirbt der Ehemann Erwin Walter Palm. |
| 1988/1989 | Poetik-Dozentur an der Universität Mainz. |
| 1992 | erscheinen die beiden Prosa-Sammelbände „Gesammelte Autobiographische Schriften" und „Gesammelte Essays". |
| 1992 | erhält Hilde Domin den Friedrich Hölderlin-Preis, die Carl Zuckmayer-Medaille und den 1. Heidelberger Preis für Exilliteratur. |
| 1995 | wird Hilde Domin im Goethehaus in Weimar der Literatur-Preis der Konrad Adenauer-Stiftung verliehen. |
| 1995 | erscheint die erweiterte Neuausgabe der Anthologie „Nachkrieg und Unfrieden". |
| 1999 | der Gedichtband „Der Baum blüht trotzdem" erscheint. |
| 2004 | Ehrenbürgerschaft der Stadt Heidelberg. |
| 2005 | Hilde Domin wird für ihr Lebenswerk die höchste Auszeichnung der Dominikanischen Republik durch den Botschafter Dr. Pedro Vergés verliehen. |
| 2006 | am 22. Februar stirbt Hilde Domin an den Folgen eines Sturzes. |

# Bildteil

Die Fotos im Bildteil wurden von Ilka Scheidgen im Laufe der vergangenen siebzehn Jahre aufgenommen: bei Gesprächen in der Heidelberger Wohnung der Dichterin, bei Lesungen und Preisverleihungen.

S. 239    Hilde Domin in ihrer Wohnung beim Signieren der LiK (Literatur in Köln)-Zeitung (2001)

S. 240    Geburtshaus in Köln, Riehler Straße 23 (2001)

S. 241    Hilde Domin mit den drei Bänden ihrer Gesammelten Werke (1992)

S. 242    Der „Dichterturm" in Heidelberg, Graimbergweg 5 (1990)

S. 243 o: Das gerahmte Foto zeigt Hilde Domin mit ihrem Mann Erwin W. Palm – das letzte gemeinsame Bild der Eheleute

S. 243 u: Das Wohnzimmer. Auf den Tisch mit einem Foto ihres Mannes stellt Hilde Domin stets die mitgebrachten Blumen.

S. 244 o: Hilde Domin in ihrem Arbeitszimmer (1991)

S. 244 u: Hilde Domin bei der Entgegennahme des Literaturpreises der Konrad-Adenauer-Stiftung im Goethehaus in Weimar vor dem Tischbein-Gemälde „Goethe in der Campagna" (von links: Thüringische Ministerin Christine Lieberknecht, Literaturkritiker und Laudator Marcel Reich-Ranicki, Hilde Domin, Vorsitzender der Konrad-Adenauer-Stiftung Gerd Langguth) (1995)

S. 245    Hilde Domin mit der Oberbürgermeisterin der Stadt Heidelberg Beate Weber im historischen Rathaussaal anlässlich der Verleihung des für die Dichterin geschaffenen Preises „Literatur im Exil" (1992)

S. 246    Hilde Domin beim Signieren nach einer Lesung in der Kölner Antoniterkirche (1996)

S. 247 o: Hilde Domin signiert einer jungen Zuhörerin (1994)

S. 247 u: Hilde Domin in ihrer Wohnung im Gespräch mit Ilka Scheidgen (1996)

243

247

ILKA SCHEIDGEN

1945 geboren, in Berlin aufgewachsen, hat sich mit einer Vielzahl an Publikationen als Schriftstellerin und Publizistin einen Namen gemacht. Ilka Scheidgen schreibt Lyrik, Erzählungen, Romane, Essays und Autorenporträts. Sie arbeitet als freie Publizistin für verschiedene Zeitungen und Zeitschriften. Ihre Biografie über die deutsch-jüdische Dichterin Hilde Domin hat besonders große Beachtung gefunden. Es handelt sich um die einzige von der Dichterin autorisierte Biografie. Auch über die Schriftstellerin Gabriele Wohmann hat Ilka Scheidgen die einzige autorisierte Biografie verfasst. Umfangreiche Lesungs- und Vortragstätigkeit in Deutschland und im deutschsprachigen Ausland.

2002 erhielt sie für ihr literarisches Werk den Kulturpreis des Kreises Euskirchen. Sie arbeitete mit am Autorenlexikon NRW und verfasste ein Biogramm über Christian Lehnert für das KLG – Kritisches Lexikon zur deutschsprachigen Gegenwartsliteratur. Nlg.10/2018.

Ihr Vorlass befindet sich in Marbach im Deutschen Literaturarchiv.

Homepage der Autorin: www.ilka-scheidgen.de